斎藤茂太

心がかるくなる生きかた

WANIBUNKO
39225

目次

心がかるくなる生きかた

第1章

職場の人間関係に悩まないために

―やむをえないつき合いだからこそ、気を楽にしよう―

第2章

もう一度会いたいと思われる人

――こういう人とは、ぜひまた会いたい――

第3章 前向きの態度が人の好感を呼ぶ
―好かれる人は不満をためこまない―

第4章

こういう人のそばにいたい

—身近な関係だからこそ、気遣いが必要だ—

第5章 気持ちの整理の仕方がうまい人

—心に余裕を持てば人間関係はうまくいく—

第6章 イヤな人とつき合わなければいけないとき
—タイプ別イヤな人とのつき合い方—

構成／荒井敏由紀

第1章

職場の人間関係に悩まないために

―やむをえないつき合いだからこそ、気を楽にしよう―

どうしても合わない人間はいるものだと割り切る

世の中で生きていこうと思えば、いつまでもパラサイト・シングルを決め込んで親のすねをかじるつもりなら別だが、学生時代を終えれば仕事に就かねばなるまい。そして、仕事をして生活していく以上は、仕事関係の人間関係は避けては通れないものだ。

サラリーマンでうつ病などになる人の多くは、仕事上の人間関係が原因だといっても過言ではない。

日頃、どうしてもつき合わなければならない人間関係だからこそ、うまくいかなかったりすると、そこで悩みを抱え込むことになる。

さて、こんな話がある。

Aさんは同僚のBさんの仕事ぶりにいつもいらいらさせられ通しだ。なぜ、いらいらするのかといえば、Aさんは仕事をてきぱきと片付けてしまう。だから、上司からいわれたことも同僚から頼まれたことも、できる限り早く片付けようとする。

しかし、BさんはAさんとはまったく逆のタイプで、上司から命じられた仕事も、なかなか仕上がらない。

いわんや同僚から何か頼まれたりすると、できるだけ引き受けようとせずに、それがBさんの仕事の範囲だと指摘されてはじめてしぶしぶ引き受ける有様なのだ。

そんなふうなので、Bさんの仕事はいつまでたってもできてこない。それでも、上司からの仕事であれば、何度もせっつかれはするものの、なんとか仕上がってくる。しかし、同僚からの仕事などは、何度催促してもできてこない。

あげくの果てに、なぜできないのかという言い訳ばかりする。そんなふうなので、Bさんは仕事の上では、上司や同僚の受けも非常に悪いのだが、仕事はできないけれど、人柄はいいということで通っている。

仕事以外では、上司や同僚とのお酒の場などのつき合いはいいし、趣味も広いので話はおもしろい。宴会などの幹事をやらせると、うってつけの人間なのだ。

それに対して、Aさんは酒を飲めないので、酒席などはまずつき合わない。だから宴会などにも出ないし、仕事だけが趣味というようなタイプなので、仕事以外の話はまずおもしろくない。

そんなふうなので、Aさんは仕事の面では、上司や同僚に信頼されているが、周囲からおもしろみのない人間だと見られている。

Aさんにしてみれば、仕事ができる自分が職場のみんなからはなんとなく疎外されていて、仕事ができないBさんのほうが、みんなから人気があるのがおもしろくない。いつも身近にいるBさんがうっとうしくてかなわない。職場で顔を見るだけでもおもしろくない気分になる。

Aさんにとっては、Bさんはイヤなやつだ。仕事もきちんとしないのに、調子がいいやつだということになる。

ところが、Bさんのことが気になればなるほど、Aさんは自分で自分を苦しめることになる。気になりだすと、そのことばかりにとらわれてしまうからだ。

職場というのは仲良し集団ではない。たまたまその会社に入り、そこで一緒に仕事をするのだから、友だちのように自分で選ぶことはできない。

まず、Aさんはもう一度そのことを認識し、職場には、自分とはどうしても合わない人がいて当たり前だといった、割り切りをすることが必要だろう。

「自分が正しい」を少し見直してみたら

このAさんにとってのBさんではないが、職場には、自分とどうしても合わない人間というのはいるものだ。また、いるのが当然と思わなくてはならない。職場の中の自分とかかわる人たち——上司も同僚も部下も、すべての人たちが自分と合う人ばかりだなどというのは、まずありえない。

ただし、自分とは合わないのであって、どちらかが一方的にいい人間で、もう一方が悪い人間だというような色分けはできない。自分と合わない人というのは、たしかにその人にとってはイヤな人間＝悪い人間ではあろうが、だからといって、相手がほんとうに悪い人間かどうかは別であろう。

というのは、人間がいいか悪いかというのは、犯罪を犯すなど社会的な善悪は別として、見方によるからだ。すべての人から悪い人と思われているような人は、誰ともつき合ってもらうことなどできないだろうし、また会社などで仕事をすることはできないだろう。

「いい人」か「悪い人」かは、あくまでも「私にとっていい人」「私にとって悪い人」なのだ。「私」に親切な人はいい人だし、「私」に意地悪な人は悪い人ということになる。そして、相手は別の人には「いい人」と思われているかもしれないのだ。

とはいえ、どういう職場でも、みんなから困った人と思われているような人が、何人かいるかもしれない。

だが、仕事の面もダメ、つき合いもダメ、性格もみんなから悪いと思われているというように、すべての面でみんなから「困った人」と思われているような人はまれだろう。

Bさんではないが、何かしら、多少はいい面があって、他の面ではダメだと思われていても、それによって人間関係が維持されているということは、しばしばあるものだ。

しかし、時には、Aさんにとっての Bさんのように、どうしても我慢できないという人もいるだろう。

人間関係とはおもしろいもので、相手のことがどうも気に入らないと思うと、どんなに鈍感な人でも、相手にもわかるものだ。そうなれば、相手も、その人のことを嫌ったり、避けたり、時にはさらに意図的にイヤがらせをしないとも限らない。そこで、ますます相互の人間関係は悪くなる。

なんということはない。相手をイヤだと感じ、気にすればするほど、お互いの関係はさらに悪くなるという悪循環に陥ってしまうのだ。

そして、人間関係に敏感な人ほど、そのことを気にし、悩むようになる。そうした悩みが高じると、神経症（ノイローゼ）やうつ病にもなりかねない。

外来で診療していると、なぜこれほど、人間関係の悩みからそうしたうつや神経症になる人が多いのだろうかと思うほどだ。たぶん、それは日本が豊かな社会になったこととも関係あるのだろう。

昭和三十年代くらいまでの日本では、食べることに必死でそんな人間関係の悩みなどは二の次だったのではないか。ところが、昭和四十年代の高度経済成長を経て、日本はすっかり豊かになった。今は、不景気が続いているとはいえ、食べることには困らない時代だ。

明日の食事をどうしようというのが当面の問題ならば、人間関係がうまくいかないという悩みなど、あったとしても、小さいことに過ぎないだろう。

管子に「衣食足りて礼節を知る」という有名な言葉がある。

たしかにまず食べることがなんといっても先決の問題だろう。人間は、基本的な欲求が満足されてはじめて礼儀や節度など文化的な面に目を向けることができるようになるということである。

人間関係の悩みが大きくなったのも、そういうことに目を向けられる余裕ができたからといえるかもしれない。

しかし、現代人は豊かになって余裕ができて、礼節を知る方向にきたのかといえば、どうも、そうは思われない。礼節とは礼儀と節度というように、人に接するときの基本的な態度である。つまり、人間関係の態度である。

現代人は人間関係よりも、むしろ自己実現などというように、まず、いかにしたら自分の満足を得られるかという方向に走ってきた。「まず自分」なのである。

自分の思うままにやりたいとなれば、当然、人と利害がぶつかることも多くなる。自分の価値観を押し付けようとすれば相手も反発することになろう。そのために、かえって、人と摩擦を起こしやすくなっているといえないだろうか。そこで人間関係のトラブルも多くなり、人とのつき合いにも神経質になる。

つまり、「まず自分」という態度が結果的に人間関係の悩みを多くしているのではないか。

だからこそ、時に少し冷静に自分を見つめてみる時間も必要なのではないか。

すると、自分こそ正しいといった見方から、少し離れることができるのではないか。

人間関係に不平不満があるのは当たり前

やむをえざるつき合いをしなくてはならないのなら、それなりの覚悟が必要といえよう。といって別に大げさなことではない。ほんの少し、自分で意識してみれば、誰にでもできることである。それは、とりあえず、人に対する不平不満をいうのをやめてみることだ。

たいていの場合、不平不満というのは、いえばいうほど高まってくる。あまりにも自分の内に抑えすぎるのも問題ではあるが、いいすぎるのも問題だ。いってすっきりする場合もあるが、その程度の不平不満は、あまり深刻なものではなかろう。ほんとうに不平不満が高じていると、口に出していってもすっきりしない、それどころか、どんどん高じてしまう。

我慢に我慢を重ねるのは、たしかに腹の中に重たいものがどんどんたまるようなもので、よくない。しかし、たいしたことでもないのに、誰彼かまわず不平不満、悪口を垂れ流しているのは、さらによくない。

逆にあなたが人から聞く立場になった場合のことを考えてほしい。C子さんは、いつもあなたに、

「Dさんたら、机の周りを片付けないで、隣の私の席に物が落ちてくるのよね。だらしないったらありゃしない。あんなに整理がへただから、仕事もきちんとできないのよ」

「E係長は、私を目の敵にしているのよ。課長に怒られると、ちょっとしたことで私に八つ当たりするのよ」

などと、周囲の人に対する不平不満を並べている。

まあ、おしゃべりで本人のストレスが解消されるのならば、本人にとってはいいとしても、人の悪口ばかりを聞かされたら、聞かされるほうはたまらない。

また、誰からも自分が被害を受けているといったことばかりいう人は、ほかの人に対しては、いま聞かされている自分のことも何かいっているのではないかと思えてこないだろうか。そういう人は、だんだん敬遠されていくのではないか。

時には不平不満、愚痴をこぼすのもいい。しかし、それは相手を親しい人と限

定しての話だ。職場の人間関係の不満を、職場の人を相手にいうのはどうだろうか。

職場の人間関係でイヤなことがあるのは、当たり前とさらりと受け流してみるようにしたらどうだろう。「そんなことはいくらでもあるさ」と思ってみるのは、意外に自分を冷静にするものである。

やむをえないつき合いができるからこそ大人

職場などでは、どうしても人間関係の複雑なしがらみがある。上役もいれば部下もいる。同僚との関係もあるし、他の部門や外部とのやりとりもあろう。内心は不満を持ちながら、やらなければならない仕事もあろう。イヤな上司に使われることもあるだろう。自分だけではどうにもならないのが、仕事の人間関係というものである。それだけに、人間関係でイヤなことはいくらでもあろう。

ただ、うじうじとして不平不満を抱き、酒や悪口で気分を発散しているだけでは、何ら問題の解決にはならない。それでは、たんに逃げているだけであって、一時的なストレス解消にはなっても、職場での苦痛は一向に解消しない。

そういう積み重ねの日常では、結局はストレスがたまるばかりではないだろうか。そして、たまったストレスが、ある日、不満を抱いている当の相手に対して爆発してしまい、かえって取り返しのつかないことにもなりかねない。

そういう不平不満をためるような人は、人とどう距離をとってつき合えば、うまくつき合っていけるか、自分で積極的に試みていないのではないか。

誰しも、自分がかわいいし、ものごとが自分の思うようになればいいと思っている。しかし、社会に出ても、それが通ると思っているとしたら、まさに幼い子どもと同じではないか。

何年か職場で仕事をしてきているのだから、それほど子どもじみた考え方をする人は少ないだろう。

すべてが自分の思うようになるわけではない、自分のやりたいようになかなかできないと、ほとんどの人は承知していよう。それでも、自分が正しく、相手が間違っていると思うのが人間というものだ。

人間関係の不平不満が高じた結果、職場を辞めたほうがいいという考えも一つの選択ではある。しかし、人間関係がうまくいかないからといって職場をすぐに変えていたのでは、どういう職場へいっても、続かないのではないだろうか。

どこにいっても人間関係はつきものであるし、そこに多くの人間がいれば自分と合わない人が何人かいるのが当たり前だからである。実際は、家庭を持って生活がかかっていれば、おいそれと会社を辞めるというわけにはいかない。だから、自分を抑えて、周囲の人とうまくやっていかざるをえない。

ただし、職場のすべての人とうまくやらなくてはならないと強迫的に考える必要はなかろう。イヤな相手とかかわらないですむのならばそれに越したことはない。しかし、そうはいかないのが現実。そこで、どうすればいいか。まずは、自分の感情をコントロールする方向に持っていくことだ。

時には相手に腹が立つこともあるかもしれない。相手が一方的に間違っている、悪い、と思えることもあるかもしれない。

しかし、そういう人であっても、同じ職場で、つねに顔を合わせ一緒に仕事をしていかなければならないし、相手の言動の一つひとつを気にしていたら、自分のほうが疲れてしまう。

「気にするな」といってもむずかしいことかもしれないが、カチンとくるようなことがあって、腹の中では、「バカ野郎」と毒づいたとしても、まずは深呼吸でもして、相手のいうことに「そうですね」とニコニコ応じるくらいの演技ができたらいい。

そして「この人はこういう人なのだ」と割り切ってみてはどうだろうか。やむをえざるつき合いを、いかに自分の感情をコントロールし、うまくこなしていけるかが、大人と子どもの違いではないだろうか。そこにその人の成熟度が問われるのだ。

なぜムシが好かないのか

もちろん、自分に合わないイヤなタイプといってもいろいろだろう。もともと無口な人はおしゃべりな人が苦手であろうし、逆におしゃべり好きな人は、感情を表に表そうとしない無口な人が苦手であろう。

だから、いちがいにイヤなタイプの人間とはこういうタイプだということはできない。

つまり、自分はイヤだと思っても、別の人にはいい人だと思われていることは多いものだ。まさに蓼《たで》食う虫も好き好きではないが、人それぞれ相性がいいタイプは違う。だからこそ、世の中はなんとか回っているということもできる。

そう考えてみれば、自分がイヤだと思っているような人でも、たいていは、その人とつき合っている人、その人にとって相性のいい人がいるということだ。もし、みんなからイヤだと思われるような人ならば、誰もつき合いはしないだろう。

自分がイヤだと思うような相手については、人はなるべく気にしないようにするものだ。ところが、イヤな相手がつねに身近にいたら、「気にするな」といっても、かえって、気になって仕方がない。

そのイヤな相手と仕事上でチームを組んでいたら、どうしても気になる。気にはなるが、考えたくない。考えたくないにもかかわらず、ふと気がついたら、その人のことを無意識のうちに考えてしまっている。そこでどんどん不愉快になってしまう。

そうした場合、イヤな相手のことを頭の中から閉め出そうとするのではなく、逆に、意識的に、よく考えてみたらどうだろう。

嫌いな相手のことなど考えるのは、たしかに愉快なことではない。しかし、自分がなぜその人が嫌いなのかを突き止めるためには、相手がどんな人間なのかをよくよく考えてみる必要がある。

すると、たとえば、あの人は調子がいいから気に入らない、あの人はなんでも自慢するから気に入らない、あの人は自分のことをすぐにからかうから気に入らないなどと、なぜイヤなのかという理由がいくつも挙がってくるはずだ。

普通は、そういう理由を、きちんと考えずに、「なんとなくムシが好かないのよね」などと片付けてしまいがちだ。ムシが好かない理由がわかれば、それなりに対処の仕方はあるものだ。

ムシが好かない理由を考えよう

　なぜムシが好かないのか、それにはいくつもの理由があるだろう。日常のさまざまな面で、誰にでも合わせて調子がいいからとか、要領がいいからとか、いうようにである。

　たしかに現象としては、いろいろあるのだが、そういうムシが好かないタイプの人を性格的に考えてみると、多くは、自分とまったく正反対なタイプではなかろうか。内気で話し下手だというような内向的な人は、おしゃべりで誰に対しても遠慮のないような外向的な人が苦手だし、ムシが好かないということが多いものだ。

　その性格的な違いというのは、さまざまな局面で表れてくる。

　自分の仕事の業績などをすぐにひけらかし、自慢するような人は、まず外向的なタイプの人だろう。それに対して、自分のやった仕事の話をほとんどしないという人は、内向的で話し下手なのかもしれない。

そこでちょっと考えてみる必要がある。「自慢話ばかりするから、あの人はイヤだ」という場合、本当は自分も自慢したい気持ちがあるのではないか。あるいは「要領がいいからイヤだ」という場合、自分にも本当は、もう少し要領よくやりたいという気持ちがあるのではないか。

つまり、自分もそうしたいのにできないということを、相手がぬけぬけとやっているから、どうにもイヤな奴なのではないか。

「いや、私は自分の業績など自慢したくはない」と、絶対にそんなことはないと思うかもしれない。しかし、よくよく自分の本心を冷静に見つめてみたらどうだろう。どこかに、そんな気持ちはないだろうか。

自分ができないことを、たやすくやっている人を見ると、誰しも気に入らない気分になるものだ。

それは、誰にでも嫉妬心があるからである。その人が相手を見る気持ちをズバリといえば、「ちきしょう、あいつはうまいことをやっているな!」ということなのだ。

そういう相手とあまりかかわらずにすむのであれば、自分の嫉妬心も激しいものにならずにすむ。しかし、日常的にかかわるとなると、つねに嫉妬心を突き動かされるのだ。そこで、自分の嫉妬心を、どうコントロールするかが問題になる。

「人は人、自分は自分」と考えてみよう

嫉妬心をコントロールするのは、なかなかにむずかしい。ただし、どうも自分があの人をイヤな奴だと思っているのは、嫉妬しているからであるらしいとわかれば、それで、半分は解決したようなものだ。

というのは、人が自分の感情に動かされてしまうのは、往々にして、自分の感情がどこからきているのか、わからないからだ。誰だって、不愉快なことは考えたくない。だから、なんとなく不愉快になっても、その原因を深く考えるということは、なかなかしないのだ。

「あなたがあの人をイヤがっているのは、嫉妬しているからではないの？」

などと指摘したら、誰でも否定するのではなかろうか。

「まさか、なぜ仕事もきちんとしないで、あんなに調子よくやっている人に嫉妬しなくてはいけないの？」

といった反発が先に出てくるだろう。たしかに、意識としては、自分が嫉妬しているなどとは、とても思えないかもしれない。

だが、どこかにその人の調子のよさ、要領のよさに嫉妬している気持ちがないだろうか。

「私は、あの人のようにはしたくない」と思っていても、自分は一生懸命に大変な仕事をこなしているのに、あまり評価されず、大変な仕事は避けて、簡単な仕事、目立つ仕事しかしないような人が評価されていることに、苦々しい気持ちを抱いているのではないか。

そのとき、「あの人はあの人、私は私」と、人はなかなか考えられないものである。つまり、「あの人は適当にしかやっていない、自分は一生懸命にやっているのに、なぜみんなが認めてくれないのか」といった不満が、根底にあるのではないか。それも嫉妬心といえるのではないだろうか。

つまり、自分はこんなにやっているのに、自分はこうなのに、「それなのに、あの人は……」というふうに、どこかで比べているから腹も立つのである。

「人は人、自分は自分」と思えないだろうか。

世の中にはいろいろな人がいるものだ、と思って、そんな人を観察してみるのもおもしろいではないか。

そう思えるようになれば、職場にイヤなやつがいても大丈夫だ。

職場を離れて広いつき合いを心がける

職場の人間関係にとらわれすぎないためには、広い人間関係を心がけてみよう。

学生時代の友人、職場を離れた趣味の人間関係、あるいは、行きつけの酒場の客同士として出会う人たち、なんでもいいから、仕事を離れた人間関係を持つことだ。そうすれば、世の中にはまさに、いろいろな人がいるということがわかるであろう。

たとえば、行きつけの酒場で、職場のイヤなやつのことをちょっと話してみたら、なじみの客が「そんな人はまだましさ。うちではね……」などと、それまでの自分の周辺には、とても考えられないような人の話をはじめるかもしれない。

そうすれば、「いやあ、世の中には、上には上がいるものですね」などとなるのではないか。そして、交友関係が広がれば広がるほど、まさにいろいろな人がいることもわかってこよう。

仕事を離れた人間関係を持てれば、人に対する理解も深くなろう。また、自分の苦労など、たいしたものではないといった見方もできるようになるかもしれない。

あるいは、「いやあ、そんなひどい人がいるんだ。それじゃあ、大変だね」といった理解や共感が得られるかもしれない。そこで、自分の苦労が少しでもわかってもらえれば、ありがたいものであろう。利害関係がないからこそ、そうした理解や共感も得られるのだ。

職場の人間関係に過剰に悩んでいる人は、たいてい職場以外の人間関係がほとんどないのではないか。

そういう人は、職場の人間関係だけがすべてになってしまっているから、その世界がうまくいかないと、真っ暗な気分になってしまうのだ。それ以外に、多くの人間関係を持っていれば、「それはそれ」と少しは冷静になれるのではないか。

長年、忙しく仕事をしてくると、学生時代の友人とも疎遠になってくるし、残るのは職場や仕事を通じた人間関係だけとなりがちだ。

それだけに、ちょっと意識して、学生時代の友人と旧交を温めてみたり、趣味などを通じて人とつき合うようにしてみたらどうだろうか。

広いつき合いのできる人ほど、たとえ人間関係で多少のトラブルがあっても、うまく乗り越えていけるのである。

第2章

もう一度会いたいと思われる人

―こういう人とは、ぜひまた会いたい―

相手の気持ちを少しでも想像できる人

私は最近、どうも世の中の人の多くが子どもっぽくなっているように思えてならない。自分の子どもを虐待する親、つき合いを断られてストーカーになる人、自分がつき合っていた人が自分から離れて別の人とつき合うと、その相手に嫌がらせ電話を頻繁にかける人など、最近の事件を見ていると、わがままな子どもの心性のまま大人になった人たちが、そんな事件を引き起こしているように思えるのだ。

少年の凶悪な犯罪が次々に起こって、世の親たちに、自分の子どもは大丈夫かしらと心配させたりしている。

その子どもが抱える精神的な病理が原因にあるというケースもあろうが、大きな目でとらえると、こうした少年犯罪が起こる根っこには、その親の世代、まさに今の大人たちにこそ、その問題があるのではないかと思えてならない。

とりたてて事件を起こすほどではないにしても、電車の中で、子どもが騒いで周りに迷惑をかけても、子どもに何も注意しない親たち、電車から降りる人を待たずに、われ先に乗り込む人たち、何かことあるごとに、権利だけを主張して文句をいう人たち、周囲を見渡すと、なんて身勝手なのだろうと思えるような人たちにしばしばぶつかる。

もちろん、そんな人たちばかりではない。何年か前のことだが、新大久保駅で線路に落ちた人を助けようとして、韓国からの留学生とカメラマンが飛び降りて、三人とも轢《ひ》かれてしまったという事件があった。助けられると思ったから飛び降りたのだろうが、その瞬間、自分の身の安全など顧みることもなく、まず助けようという気持ちが先にあったのだろう。

この二人の行為に、多くの人たちが感動し、犠牲者への義援金が日本全国から集まった。そのニュースを知り、まだまだ日本人も捨てたものではないと思ったが、そうした自己犠牲を伴うような行為がまれだからこそ、よけいに美談として報道されたということもあろう。

自分を犠牲にしてまで、人を助けなさいというのではない。今はまず人のことより、自分のこと、自分さえよければいいというのが浸透しすぎているのではないかと、思えてならない。

戦後民主主義とともに日本に入ってきた個人主義が利己主義と混同されているのではないか。まさに今の個人主義は、ほかの人は自分の役に立てばいい、利用できればいいというように誤解されているのではないだろうか。それでは、まさにわがままな子どものままでいいということになってしまう。

もちろん、まず自分が第一というのは、誰でもそうだろう。それを否定することはできない。一人ひとりが自分の幸せを追求し、それぞれが幸せになれば、みんなが幸せになるというのは理屈としては合っていよう。だが、自分の幸せのために誰かが犠牲になっているかもしれないという想像力は必要なのではないか。好んで人を不幸にするわけではないが、競争というのは、誰かが勝てば誰かが敗れている。入学試験で合格して喜んでいる学生の陰には、無念の涙を飲む学生たちがいる。

合格した学生が、落ちた学生を直接不幸にしたわけではないが、定員が決まっているところに多くの希望者が集まれば、どうしてもそこで悲喜劇が生まれよう。

むろん、合格した学生はそれだけの努力をしてきたのだが、不合格になった学生も、努力に努力を重ねても、たまたま運に恵まれなかったということもあろう。

みんなが自分の希望通りにできるということは、世の中ではそうそうないものだ。そして、自分が直接に手を下したわけではなくても、自分が希望をかなえることで、ほかの人が希望をかなえられなくなるようなことはいくらでもある。

そうしたことに思いをはせることができる共感性は、人間であれば誰でもが持っているはずである。想像力というのは、人間を他の動物と隔てる大きな能力だ。その意味で、人の痛みを想像できるからこそ、人間といえる。

このような共感性は、子どもがどんなに自己愛が強いといっても、生まれ持った能力として備えているものであろう。その能力を、さらに大きな力として育てていくことで、人間は社会性を獲得していくのだろう。

それが大人になっていくことによって得られる成熟なのだ。ところが、身勝手な子どものままの心性で大人になってしまうというのは、持って生まれた共感性を伸ばしていくどころか、なくしていくということなのだ。

その点では、わがままな子どもの心性のまま成長してしまった大人は、子どもよりもたちが悪いといえよう。

今の社会は共感性を切り捨てるようなものに満ちているのかもしれない。そういう社会をつくり出し、再生産させていくとしたら、まさに人間の未来はないだろう。

私はそんなに悲観的な見方はしない。どんなに、身勝手な子どものような大人になってしまった人でも、ほんのささいなきっかけで、自分の中の共感能力に目覚めることがあると考えるからだ。

そのためには、自分がかかわった人の気持ちをほんのちょっとでも、想像してみることだ。それができるようになるのが、大人になるということではないだろうか。

安心できる人は相手の話をきちんと聞く

いい意味で大人だと思える人とは、一緒にいると、安心できるのではないだろうか。相手が年長者だと、こちらのほうが緊張することがあるかもしれない。だが、しばらく話していると、いつの間にか、こちらが自然にリラックスしているというような相手がいる。

こういう人とは、また会いたくなる。

初対面で仕事の話をどうすすめていこうかと緊張でがちがちになっていても、そういう人が相手だと、自然の流れの中で話すことができるのだ。

なぜなのだろう。

それは、相手がこちらの話をきちんと聞こうという姿勢がまずあるからである。だから、たとえこちらがとつとつとしか話せなくても、せっかちに先を促そうとはしない。

相手がじっくりと聞いてくれるとわかれば、こちらは安心して話すことができる。そして、時々、相づちをうってくれたり、うまく先を促すような流れをつくってくれると、話し下手だと思っている人であっても、きちんと話すことができるのだ。

それが、性急に本論だけを聞こうとしたり、話の途中ですぐに割り込んでくるような人が相手だと、緊張のあまり、何をいおうとしていたのかもわからなくなったりする。

相手の話をきちんと聞こうという姿勢のある人は、相手を立てることができる人である。

相手のいいたいことは最後まで聞く。ビジネスの話であれば、最終的に相手の話を受け容れることができるかどうかは、別の問題であろう。だが、たとえもの別れに終わったとしても、決して関係は悪くならないのではないか。

そのように、相手の話に耳を傾け、相手を立てることができる人とは、そのときには仕事を断られても、別の機会にまた会いたい、一緒に仕事をしたいと思うものだ。

人は折りに触れて、自分を主張したいものだ。

「おれはそんなことはわかっている」、「おれはこんなに仕事ができるんだ」、「こんなにいいところがあるんだ」、「こんなに頑張っているんだ」など、どういうことであれ、誰を相手にしていても、どこかで、そういうことをひけらかしたいというところがある。

人の話をきちんと聞ける人は、そうした自己主張したい自分をコントロールできる人だ。大人というゆえんである。

内密の相談のできる人

あなたの周りに職場のうわさ話などいち早く知っている情報通というような人はいないだろうか。

「ねえねえ、知ってる？　これ、ここだけの話だけど、今度Ｋさん、総務部のＬさんと結婚するんですって。Ｌさんって、会社のお偉いさんの息子さんで、Ｋさん、玉の輿よね」

などと、プライベートのうわさ話から、人事異動のうわさまでいち早く入手する。だから、そういう人と知り合っておくと、人事の動向から人間関係までの情報が手に入る。

しかし、こういう人は諸刃《もろは》の剣である。相手から話を聞くには都合がいいのだが、こちらが何か相談事などしようものならば、翌日に職場のすべての人がそのことを知っているということにもなりかねない。

こういう人には、内密の相談などはできない。悪気はないだけに、責めることもできない。あたりさわりのないことしか話さないようにすべきなのだろう。

ただ、こういう人に限って、面倒見がよかったり、人の相談に気軽に乗ってくれるような人だったりする。だからこそ、その人には情報が集まる。

しかし、そのことを一人胸のうちにおさめておくことができないのだ。

そんな情報通の人でなくても、みんなが知らないようなことを知ったとなると、ちょっと誰かに話したいものだろう。つい、この人にだけならばいいだろうと話すと、いつの間にか、みんなに筒抜けになってしまうことがある。

誰をも傷つけないような話ならばいいのだが、ある人の悪口などとなれば、回り回って本人の耳に入ることにもなりかねない。

しかも言った当人はそれほどの悪気はなくても、話は人を介せば介すほど、本来の意図から離れてしまうこともある。

それだけに、人のうわさ話をするには、細心の注意が必要だ。

Oさんは、「情報のシュレッダー」といわれている。どういうことかといえば、その人に個人的な相談や、人のうわさ話をしても、その人で止まって、ほかの人に漏れることはないからだ。

つまり、Oさんがそこで情報をすべてシュレッダーにかけてしまうというわけだ。いわば口のかたい人というわけである。それだけに、その人に内密な相談をする人は多い。

ほんとうに信頼できて、内密な相談ができる人というのは、このように口のかたい人なのだろう。

相手を尊重するから秘密を守れる

さて、前の話の続きである。情報のシュレッダーといわれているOさんのもとに、会社の部下であるPさんの友人Qさんがたずねてきた。Qさんは、Oさんにとってはpさんと一緒に何度か会ったことがあるというだけの関係である。

Qさんが「実は」と切り出したのは、借金の依頼だった。仲間と会社をはじめるにあたっての出資金がどうしても足りないので、半年ほど貸してほしいということだった。

たぶん、Qさんは借りられそうな相手であれば、誰であれ当たっていたのだろう。せっぱ詰まった様子なのはわかった。しかも、当の友人であるPさんには内緒にしてほしいという。Qさんは、友人のPさんには経済的に援助できる力があるとは思わなかったのだろう。

Oさんは、Qさんの差し迫った様子に、自分でできる範囲であれば力になろうと、たまたま経済的に余裕があったこともあり、いくばくかの資金を貸してあげた。そのお金は、幸いなことに、約束の期限を多少遅れたものの返済された。

友人であるPさんが、その話を耳にしたのはまったくの偶然で、Qさんと一緒に会社をはじめた人から、

「いやあ、あのときにあなたの上司のOさんにお金を融通してもらったお陰で助かった」

と、聞いたのだった。お金を借りたほうが話したがらないのは当然であろうが、Oさんも、まったくそのことに触れることはなかった。

あとでPさんがOさんに、

「なぜ、いってくれなかったのですか。そんなご迷惑をおかけするような関係ではないのに」と聞いたところ、こんな答えが返ってきた。

「いや、別にきみには関係のないことで、あくまでも僕と彼との関係のことだから」

ほんの数回、それも部下のPさんと一緒に会っただけの関係の相手である。そういう相手に対しても、Oさんはきちんと約束を守り、毎日顔を合わせるPさん

にも、そのことはひと言もいわなかったのである。数回会っただけでも、Qさんを信用できると判断したのかもしれない。

いずれにしろ、Pさんとの関係があったからこそ、Pさんの友人であるQさんにお金を貸したのであろうが、貸した以上は、当事者の二人の関係だからと、Oさんは部下のPさんを巻き込むことはしなかったのである。

このように微妙な問題で、秘密を守れるというのは、それぞれの関係をきちんとし、相手を立てることができる人といえるのではないか。

できないことはできないときちんと断れる人

前項のOさんの話には、もう少し余談がある。

実はOさんが部下であるPさんの友人であるQさんから借金を頼まれたときに、彼がはじめる会社の保証人になってほしいとも頼まれたのである。

しかし、保証人になることは、その会社がうまくいけば問題はないが、もしうまくいかなかったときには、大きな責任を被ることにもなりかねない。そうなったときには、Oさん個人の問題だけでなく、家族や会社にまで迷惑をかけることになる。

Oさんは、Qさんにきちんとそのことを説明して、保証人になることは断った。そして、個人として力になれる範囲でならと、お金を融通したのである。

そんなふうなので、Oさんは、人から頼られたり、相談されることがしばしばある。しかし、いつも自分の力でできることは最大限、力になってあげるけれど、できないことはできないとはっきりと断る。そのへんの見極めがとてもしっかりとしているのだ。

せっかく自分を頼りにしてきてくれたのに、断ったら悪いのではないかなどと、ほんとうは断りたいのにもかかわらず、なかなかきっぱりと断れないということがあろう。あるいは、断ったらその人間関係が壊れてしまうのではないかと不安があって、つい引き受けてしまうこともあるかもしれない。

あるいは、断りきれずにいったん引き受けておいて、あとで断ったり、引き受けた約束を守らないということもあるかもしれない。このような優柔不断な態度も問題だ。

ことに借金の申し込みなどにどうこたえるか、これは一番むずかしい。自分にまで頼みにくるということは、せっぱ詰まっているのだろうと想像がつく。となると、貸してもなかなか約束通りに返してもらえないことが多いものだ。だからといって、催促もしにくい。

相手のほうも返せないという弱みがあるから、こちらに会いにくい。そこでついつい疎遠になっていく。お金がからむと友情が壊れるというのは、こういうことがあるからだ。

金銭の貸借はできればしないにこしたことはない。それでも、相手がどうにも困っていて、こちらに多少余裕があるのならば、余裕の範囲内で貸すことだ。もし返ってこないとしても、こちらが困らないというのが余裕の範囲であろう。余裕がないのなら、きっぱりと断る。

自分の力の範囲で、できること、できないことをきちんと見極めることができ、その態度をはっきりさせる人こそ、いざというときに頼りになるものだ。

悩みを親身に聞いてくれる人

悩みに直面したとき、最終的には、自分でなんとか乗り越えるしかない。そうはいっても、身近にアドバイスをしてくれる人がいるかいないかでは、大いに違う。もちろん、家族がいるならば、一番の相談相手は、妻か夫ということになるだろう。あるいは、親ということもあろうが、社会に出て一人前に生活していれば、たとえ同居していたとしても親には相談できないことのほうが多かろう。また、夫婦であっても、いや、夫婦だからこそ、相談できないような悩みというのもあろう。

その人は、職場の同僚や友人からしばしば相談事を持ち込まれる。しばらくぶりに大学時代の友人から連絡があり、ちょっと会いたいといわれ、日程を調整して会うと、友人から仕事での悩みをうち明けられたのである。

悩みを相談する相手からいわせると、その人は、話を親身によく聞いてくれるので、とても話しやすいというのだ。相手の立場に立ってくれながらも、「きみはたしかに間違っていないと思うよ。しかしね、人はそれぞれ違うのだから、きみの考えが理解されなかったとしても、仕方ない場合もあるんだよ。だから、そんなことにくよくよしてもしようがないじゃないか」

というように、慰めながら事の是非を説いてくれるようなところもある。しかも、そこでの話をほかの人に話すようなことは決してない。

この人は温厚な人柄でもともと寡黙《かもく》な人である。読書家でもありいろいろな知識もある。彼にいわせると、誰でも人に悩みをうち明けたいという気持ちがあるのだという。だから、じっくりと話を聞いてあげると、自然に相手がいま悩んでいることを話しはじめる。とりたてて相談に乗るという場でなくても、自然に自分は聞き役になってしまうのだという。

「人は悩みを聞いてもらうだけで、たいていの場合、その悩みの半分は解決したようなものなんだよ。そして、相手が混乱している場合、その感情を多少整理してあげるんだ。僕は、手軽に相談できるボランティアのカウンセラーみたいなものだね」

その人は笑いながら友人にこんなふうに話した。たしかにカウンセラーの仕事の大切な部分は相手の話をじっくりと聞き、相手の気持ちを整理してあげることだ。このような人が身近にいると、とても心強い。彼の友人は、ちょっと落ち込んだりすると、その人に会って話したくなるという。

自分の悩みは二の次という態度がとれる人

自分のことはおいておき、まず人の話を聞いてあげる。そういう態度が身についている人は、周囲の人から一緒にいたいと思われるような、安心感を与えることができる。

もちろん、ただ黙って聞いているだけではコミュニケーションは成り立たない。相手の悩みを、相手の立場に立ちながらも、少し客観的にきちんと整理してあげるからこそ、その人はよき相談相手になりうるということだ。

しかし、一方が、「実はね、私、今こんなことで困っているの」などと話すと、すかさず自分のことに引き寄せて、「あら、そう。私も今、会社にこんな人がいて、まいっているのよね」などと、相手が話をすれば、すぐに自分の話にしてしまい、「私のほうが大変なの」というような人がいる。

お互いがそんなふうだと、まさに悩みや困りごとの、いい合いのようになってしまう。「私のほうが大変なのよ、つらいのよ」と競っているかのようである。

こうした関係であっても、悩みをうち明ける相手がいないよりはまだいい。話すだけ話して、胸のつかえが多少おりてすっきりする面もある。しかし、たぶん、あとで思い返すと、お互いに相手がどういう悩みを抱えていたかなど、ほとんど覚えてはいないのではないだろうか。

深刻な悩みでなければ、それですむこともある。だが、自分の悩みを相談しようと話しはじめると、すぐに人の話をとって、自分のことを話し出すような相手では、結局は相談相手にならない。

だが、相談相手になってもらいたいと思っていながら、自分が人から相談を受けたりすると、つい自分の話をしてしまう人は多い。それはやはり、たいていの人は、自分の問題が頭を離れないからであろう。

人の身になって話を聞くことができる人は、とりあえず、自分が悩んでることや困っていることなど、「自分のことはさておき」という態度がとれるのだ。

今抱えている自分の問題などは、二の次でいいという態度をとれる人が、人の相談に乗れる人であろう。

自分も大変だが、人も大変だと思える人

自分が大変な局面にいると、人は「自分だけが大変なことをしている。自分だけが苦労をしている」と思いがちだ。そんなときには、人のことに気が回らなくなる。

最近は共働きが多い。夫婦二人だけの生活であれば、家事などなるべく手をかけない生活も可能だろうが、子どもができたら、そうはいかない。

ことに子どもが幼い家庭では大変である。子どもの世話はもちろんのこと、どちらが保育園に送りに行くのか、迎えに行くのか、食事の支度などはどうするのか、と分担が問題になる。夫が分担するところも多いだろうが、それでも妻のほうにどうしても負担がかかることが多いようだ。

ある奥さんは、勤務時間が終わると、同僚からの遊びの誘いはもちろんのこと、残業も断って帰宅し、保育園に子どもを迎えに行く。その後は、食事の支度、子

どもの世話、とにかく子どもを寝かすまで、まったく休む暇がないほど、忙しい思いをしている。

ご主人のほうはといえば、朝、通勤途中に子どもを保育園に送っては行くが、ウィークデーは毎晩遅い。もちろん、仕事で遅くなることがほとんどではあるが、たまに職場の同僚などと飲んで遅くなることもある。

ある日、奥さんはついに自分のいらいらをご主人にぶつけてしまった。

「あなたはいいわよね。毎晩、家に帰ればご飯を食べて寝るだけ。私は家に帰ってまで、食事の支度、あと片付け、子どもの世話で、少しも休む暇がないじゃない。少しは手伝ってくれたらどうなの」

「そんなこといわれても、仕事で遅いんだから仕方ないじゃないか。おれだって、保育園の送りはしているだろう。土日には子どもの世話だってしているじゃないか」

「土日だけじゃない。平日はどうなの。たしかに仕事で遅くなることもあるけど、飲んでくることだって多いじゃない。仕事が早く終わったときぐらい、子どもの世話をしてあげようという気にならないの」

「飲むのだって仕事のうちだ。仕事なんだから仕方ないじゃないか！　おまえには男の仕事の大変さがわからないのか」

「私だって仕事しているのよ。本当はもっと仕事をしたいのに、子どもを迎えに行かなければならないから無理して帰らせてもらっているんじゃない。私だって、あなたのように仕事第一だっていいたいわ。そのほうがよっぽど楽よ」

こうなると、ケンカはさらにエスカレートしていく。お互いに疲れているので、自分がどんなに大変かを主張し合って一歩も引かない。ついには怒鳴り合いになって、子どもがそばで泣き出すような始末になる。

お互いにいいたいことはあるだろう。こんなときにこそ、冷静に相手の気持ちを理解しようという心がけが必要なのだ。

「おれのほうが大変なのだ」、「私のほうが大変なの」と、お互いにいい合っていても仕方のないことだ。

この場合は、たぶん奥さんのほうに負担がかかって、疲れてもいたのだろう。だからといって、ご主人のほうが楽をしているというわけではなかろう。それでも、まず奥さんが不満をいい立てたときに、「おれだって大変なんだ」というようなことをいわずに、まずその大変さを理解する気持ちを言葉に表していたら、このようなケンカにエスカレートすることはなかったのではなかろうか。

自分がつらかったり大変だったりすると、周囲の人のつらさや大変さが見えなくなってしまうものではあろう。だが、そんなときにこそ、あらためて、周囲の人も大変なのではないかと、思いをめぐらす気持ちを持ちたいものである。

自分の努力をアピールしない人

前項の例は身近な相手なだけに、売り言葉に買い言葉になりやすい。しかも夫婦となれば、自分の大変さをわかってほしいと思う。だから、つい「私の大変さをわかってよ」、「おれの大変さをわかれ」ということになりがちなのだ。

しかし、職場などでも「私は大変なことをしているの」と、つねに主張したがる人がいる。これは「私はこんなに仕事をしている」、「これだけすごい仕事をしたんだ」ということを、暗に認めてもらいたいのである。

実際、その仕事を成し遂げることはとても大変だったのだろう。だから、周囲の人にその間の苦労がどんなに大変だったのか、いかに自分が努力したのか、あるいは、自分には能力があると認めてもらいたいと思うのは、人情であろう。

誰でも人に認めてもらいたいという気持ちがある。また、そういう気持ちがあるからこそ、人は努力する。しかし、そういう主張が強すぎると、かえって逆効果になりかねないのではないか。

どんなに自分が一生懸命にやっていたとしても、そのことを見てくれる人がいなければ、その努力も大変さも、誰にもわかってはもらえないかもしれない。短いつき合いのなかでは、自分はこんなに頑張っているのだと、アピールしなければ周囲の人にはわかってもらえないこともあろう。しかし、少し長い目でつき合えば、一生懸命にやっている人は、周囲からもその努力は見えるものではないだろうか。

Sさんは、その日、当日の会議の資料がまだ準備できていなかったので、早く出勤して会社で仕上げようと、出社時間より一時間半ほど早い七時半頃に会社に着いた。誰もいないだろうと思って職場に入ると、Tさんがみんなの机を拭いていた。

「あれ、どうしたの」と、Sさんが声をかけたところ、

「今日はずいぶん早いんですね」と、Tさんのほうがびっくりしている。

Sさんが話を聞いたところ、Tさんはいつもその時間に出勤しているというので、驚いてしまった。

最近、職場の床や机の上がきれいになっていることに気がついてはいたが、清掃会社の人が夜遅くか朝早く片づけるようになっているのだろうとしか思っていなかった。ところが、Tさんが会社に入ってから、毎朝早く出勤して、課内の床を掃除し、自分の机だけでなく、課内の人の机なども載っている書類などには手をつけないようにして、拭いてくれていたのだという。

Tさんが恥ずかしそうに話してくれたことは、こうだ。

「別にそのために早く来ているわけじゃないんです。私、仕事が遅いし、要領が悪いから、どうしても人より時間がかかってしまうんです。少し早く会社に来て、仕事の準備や段取りをしておかないと、みんなに迷惑をかけてしまうから。誰もいない職場で一人で仕事をしていると、意外と能率がいいんですよ。そのついでに、ちょっと掃除をしてるだけです。それに朝早いと電車も混まないし、気持ちがいいんですよ」

Sさんの記憶でも、Tさんが入社した当時はたしかに要領が悪い子だなと思った。しかし、新人だから、まだ仕方ないのだろうと思った記憶がある。ところが、半年ほどたった最近のTさんの仕事ぶりは、目に見えて変わって、やはり慣れると違うなと思っていたのだが、その陰に、このような努力があったとは、思いもよらぬことだった。

Tさんは誰にもそんなことはひと言もいっていない。掃除をしているところを見られたのも、Sさんがはじめてである。「えらいね」というSさんの言葉に、Tさんは「恥ずかしいから、今日のことは内緒ですよ」と笑顔でこたえた。

自分で自分をほめることができる人

前項のTさんのような仕事に対する努力は、少しずつ実を結ぶであろう。

このTさんのように、自分がやっていることを誰にもアピールせずに、黙々とこなせる人は、それほど多くはないだろう。また、自分がそれだけやっていると思えば、何かの折りに、どうしてもいいたくなってしまうものだ。

自分がこんなにやっているのだということはアピールしないほうがいいよ、とは一概にはいえないだろう。誰でも、人に自分を認めてほしいと願っているし、それが向上心を生むもとになるからでもある。Tさんにしても、仕事で認めてもらいたいからこそ、努力しているのだ。

成果があがれば、それは周囲の人たちにも、目に見えるかたちになるということである。すなわち、成果をあげてこそ、人から認められるといえよう。

成果もあがらないのに、自分はこんなに努力をしている、苦労をしているといっても、「そうかもしれない」とわかってくれる人もいようが、それだけで、人は認めてくれるわけではない。あまりにもそういうことをいうと、周囲からうまくいかない口実と受けとられることにもなる。

自分は頑張った、苦労した、それをわかってほしいと思えば思うほど、ちょっとそこで我慢をすることも必要なのではないか。成果があがればもちろんのこと、たとえ結果的にはうまくいかなくても、もしほんとうにその人が頑張っているのならば、周囲の人はそのことがわかるはずである。

いや、もし誰もわかってくれる人がいないとしても、自分だけは頑張ったことを知っているではないか。

人に認められる、認められないにかかわらず、自分が大変なことをやっている、努力していると思えれば、自分で自分をほめてやればいいではないか。

自分で自分を素直に認めることができれば、なんとかして人から認められようとして、「こんなにやっているのだ」とアピールすることもなくなるのではないか。

まず、頑張ったら、自分に「大変なことをよくやっているね」とほめてやる。

結果が出てはじめて、人にも「大変だったのですよ」くらいはいってもいいだろう。しかし、そこでも「自分はこんなにやった」と、過剰に認めさせようとするのは、かえって逆効果になろう。

自分で自分を上手に励まし、ほめてやることは絶対に必要なことだ。それは自意識過剰とか自信過剰というのとは違う。自分の頑張りは本来は誰のためでもない、自分のためであるはずだ。

自分で自分を認めることができるからこそ、ほかの人が頑張っているのも素直に認めることができるのではないだろうか。

一緒にいて居心地のいい人

仕事などで忙しく毎日を過ごしていると、ふとした拍子にしばらく会っていない友人などの顔が浮かぶことはないだろうか。そんな相手はどんな人だろうか。たぶん、一緒にいると居心地のいい人ではないだろうか。

こちらの話をゆっくりと聞いてくれる、なぜか安心する、嫌味ないい方をせずに、困りごとなどの相談に的確なアドバイスをしてくれるなど、細かく考えてみると、いろいろな要素があるだろう。

それらの要素を含めて、自分に対してあたたかくて、一緒にいて気分がいい人なのだろう。

そんな気分のいい人が身近にいてくれれば、どんなに心強いことだろう。もっとも身近な存在である結婚相手には、誰でも、一緒にいて気分のいい人を選ぶのではなかろうか。

いかに相手に対するほれ込みが強くても、長く一緒にいなければならないのだから、そうした要素を抜きには考えられまい。また、お互いの居心地のよさというのを無視したら、結婚生活は長続きしないのではなかろうか。

ところが、結婚するまでは、一緒にいて居心地のいい人と感じた相手であっても、結婚して一緒に生活するようになると、いろいろとぶつかることもある。つねに気分よくというわけにはいかなくなろう。

結婚生活ではないが、どんなに居心地がよく、気分がいい相手であっても、ずっと身近にいると、そうはいかないこともある。

どんなに人間的によくできた人であっても、欠点のない人間などいないから、身近で長く接していれば、どうしても欠点が見えてこよう。また、相手にも、悩みがあったり、機嫌の悪いときだってあろう。

一緒にいて居心地がいいかどうかは、相性の問題もあるが、比較的誰にでも共通するような居心地のいい人というのはいるものだろう。

それは、これまでも述べてきたように、自己主張をあまり押し出さず、相手の話をよく聞くことができ、人の欠点などを非難しないような人ということになろうか。

そういう人は、いわゆる「あたたかい人」ということもできよう。そういう人にしばらく会っていないと、その人の顔が思い浮かび、会いたい気分になるものだ。

ただしそれは、しばらく会っていないというように、お互いの間に適当な距離をおいているからともいえるのではないか。適正な距離が、お互いに「いい自分を出せる」こともあるのだ。

第3章

前向きの態度が人の好感を呼ぶ

――好かれる人は不満をためこまない――

失敗してもメゲない人

　その人は四十代半ばにして、脱サラをして、退職金を資金にして、銀行などからも借金して、居酒屋をやった。会社を辞めて半年間の準備期間をとって、さまざまなお店を食べ歩いて研究し、三カ月間は、夜、ある店で働かせてもらって修業もした。

　自分では準備も怠りなくやり、彼としては、なんとかこの店を成功させて、ゆくゆくはチェーン店にしたいという、大きな希望も抱いていた。

　ところが、開店一カ月にして大きな赤字を出し、このまま続けていけるかどうかの岐路に立たされてしまった。もともと潤沢な資金ではじめたわけではないので、このまま赤字が続くようだと、借金がかさむばかりである。

　そこで、彼は、あと一カ月なんとか辛抱してみて、それでも駄目ならば店を閉じようと決意した。彼としては精一杯頑張ったつもりだったが、結局、赤字が続き、店を閉じることにした。開店しさえすれば、どうにか資金が回るだろうと考えていたのだが、店をはじめるには、やはり半年程度は赤字に耐えられる資金力が必要だと痛感した。その点では、彼の見通しが甘かったといえよう。

店をたたんで、店の権利なども整理したところ、銀行の借り入れはなんとか返済できたものの、退職金はすべて消えてしまった。しかし、彼は今、以前に修業させてもらったお店で働かせてもらい、もう一度出直そうと頑張っている。

彼は友人に会うと、

「いやあ、見通しが甘かったといわれても仕方ないけどね。まあ、退職金はなくなってしまったけど、不幸中の幸いというか借金だけは返せたし、いずれ、家を担保に入れてでも、もう一度お店をやってみようと思っているんだ。今度こそ、きちんとした資金計画も立てて、研究もして、絶対失敗しないようにするつもりだ」

と明るい。

こういう人はメゲない人なのだろう。あまり能天気なのも困るが、こうした楽天的な明るさがなければ、困難な状況は乗り越えられないだろう。

友人はさぞかし落ち込んでいるのではないかと心配していたのだが、そんな彼の様子を見て安心した。ちょっとやそっとのことでメゲない人というのは、あまり後ろを振り返らないのである。そして、将来に希望を持ち続けているのだ。

自ら不運を呼びこむ人になってはいけない

前項であげた人は立ち直りが早いということができよう。また、もともとクヨクヨするようなタイプではないのだろう。

それがクヨクヨと考えこむような人だと、「なぜ失敗したのか」、「店をやっていなければ退職金がまるまる残っていたのに」、「なんで店なんてはじめようと思ったのだろう。我慢してでも会社を辞めなければよかった」などと、過ぎてしまったことを、際限なく考えてしまう。

反省することは必要であろうが、いくら反省しても過ぎてしまったことはどうしようもない。反省することに意味があるのは、将来に生かせるからである。ただひたすら後悔するだけでは、いよいよ落ちこむばかりである。

その人と会っても、そうしたグチや後悔ばかり聞かされていたら、はじめのうちは話を聞いて慰めてくれた人でも、一緒にいても楽しくないのだから、次には会うのを敬遠するのではないだろうか。

家族でもそうだろう。いつまでもグチばかり聞かされていては、いかに理解のある奥さんであっても、うんざりしてくるのではないか。こういう人は、自分で人を遠ざけているのだ。

仕事もうまくいかない、お金にも苦労している。しかし、どんなときにも前向きにとらえて、明るく振る舞っていれば、周囲の人たちも、その人と会ったり、一緒にいることで、いやな気分を味わうこともないだろう。失敗しても周囲の人たちは、その人から去ることはない。そして友人や家族に恵まれていれば、いずれ再起することもできるであろう。

ところが、いつまでも暗くて、過去の失敗ばかりにこだわっていると、誰もそんな人とは会いたくないので、自然に人が離れていき、最悪の場合には、家族からも見放されてしまうことになる。

そんなことになれば、いっそう暗くグチも多くなる。こうした人は、自らを不運へ、不運へと駆り立てているのだ。

自分が不運だと思いこんでいる人は、自分の態度をちょっと振り返ってみたらいかがだろうか。

もし、あなたがクヨクヨと悩む人ならば、もう終わったことは振り返らないようにすることだ。そうすれば、今からすぐに、少しずつでも状況を変えられるはずである。

前向きに割り切れる人

何らかのトラブルがあったときに、人の性格というものが表れる。もちろん、軽いトラブルから重大なトラブルまでさまざまだから、一概にはいえないかもしれない。困るのは、小さなトラブルであっても、ことを大げさにとらえてしまったり、すっかり落ちこんでしまったりして、そのことが頭から離れなくなってしまうという人である。

逆に、多少重大なトラブルに直面しても、「なんとかなるさ」という姿勢を持ち続けることができる人もいる。

ものごとを楽観的にとらえる人なのか、悲観的に見る人なのかという違いであろうが、この違いというのは、生きていく上で、幸福度といったものがあったとしたら、ずいぶんと大きな差になるのではないか。

残念ながら、人が生きていくということは、ほんとうにトラブルの連続といってもいいかもしれない。

たとえば、子どもの頃は勉強のことで悩まされたり、友だちとの関係でいろいろなことがあろう。人間関係となれば、これはもう子ども時代から大人になっても、死ぬまでつきまとうことである。

思春期になれば、恋もするであろう。相手が自分のことを振り向いてもくれないというような恋の悩みもつきものだろう。たとえ相思相愛の関係になったからといって、いつも関係がうまくいくものでもないし、また、いずれは別れを体験することにもなろう。

そして、社会に出れば、人間関係や恋愛はもちろんのこと、仕事の悩みやトラブルなどきりがないほどぶつかることになる。

しかし、その反面、いろいろな喜びや楽しいこともある。恋をすればたとえ失恋に終わったとしても、恋する相手を見ているだけでも心が浮き浮きするといった体験をするであろう。人間関係にしろ、仕事にしろ、そこに大きな喜びがある。

つまり、当たり前のことだが、人生には、楽しいことも苦しいことも、いろいろある。

悲観的な人というのは、楽しいことや喜ばしいことを素直に喜ぶことができず、苦しいこと、つらいこと、トラブルなどにばかりとらわれやすいといえるのではないか。

その反対に、楽観的な人は、楽しいことなどを積極的に受け止めて、大いに楽しみ、つらいことなどは、受け流そうとする人である。

どちらの人生のほうが楽しいか、幸福かといえば、楽観的な人のほうであることは、おのずと知れよう。

性格の違いというのはたしかに大きいものだ。生まれ持ったものが大きいのか、その後の成長してくる過程で身につけてきたものが大きいのかは、わからないが、社会に出る頃には、それぞれ傾向ははっきりしていることだろう。

だが、自分が悲観的なほうだからといって、それが変えられないかといえば、そんなことは断じてない。たしかにもともと楽観的な人よりも、それなりに努力は必要とするかもしれない。しかし、自分が悲観的な傾向が強いと思えば、そうしたものの見方をどこかで断ち切ればいいのだ。

私は人格円満、楽観的だと思われているだろう。たしかに今でこそ、自分でも、まあそうだと思う。

だが、若い頃には、時には悲観的になることもあった。ことに昭和二十年五月二十五日の空襲で病院と自宅が焼けてしまい、その再建に駆けずり回っていた頃は苦労の連続で、この先、果たしてどうなるのだろうかという気分に陥ったこともあった。

しかし、私が心がけたのは、つねに笑いを絶やさないということだった。つまり、意図的に自分の気分を楽観的に持っていくように心がけていた。生来、能天気で楽観的であったわけではない。自分でいうのもおかしいかもしれないが、一面では文学青年的な暗い側面もあったと思っている。

ただし、私の場合は、やはり同調性性格の傾向が強く、人との交際好き、たぶんに陽気なところがあったといえよう。もともとネクラとはいえない私の例は適当ではないかもしれないが、どんなにネクラで悲観的な人であろうと、自分のとらえ方ひとつで楽観的な見方を身につけることができるのではなかろうか。

まず第一に、トラブルに直面したときにも、前向きの気持ちを失わないようにすることである。そのためには、日常生活に笑いを心がけることだ。ダジャレでもいい、ちょっとしたことに笑いを心がけること。そして、人と交わるようにすることだ。

また、「ああ、もうだめだ」などと思いこんでいるときには、人と会いたくないものだ。だが、そういうときにこそ、あえて人中に出てみる。友人を誘ってみる。誘われたら、出かけることを心がけてみればいい。あるいはスポーツをしてみるのもいい。

とにかく、頭を今の悩みから引き離し、ともすれば落ちこみそうな気分を断ち切ることである。どのような方法でもいい。悩みを一度断ち切る方法を持つことだ。そして一度頭をすっきりさせれば、前向きに取り組む気力も湧いてこよう。

前向きの人は、割り切って自分を前向きにする方法を知っている人といえよう。

意識すれば誰でも楽観的になれる

前項で、楽観、悲観ということで、できればものごとを楽観的にとらえようといった。

ここで誤解のないように付け加えておかなくてはならない。おとなしく、人から暗いと見られる性格の人が悪いといっているのではない。そういう人は、ものごとをじっくり見る目を持っているかもしれない。感情の表し方が不器用なだけかもしれない。そういう人はそういう人で、適した仕事もあれば、同じようなタイプの人と相性がよく、いい交友関係も持てるであろう。

いつも明るく振る舞っているように見えても、その実、性格的には本当は明るいわけではないという人も世の中にはいよう。

楽観、悲観というのは、たしかに性格によって大きく左右されるところがある。だが、人は、表面的に明るいから楽観的、暗いから悲観的だと一概にいえるわけでもない。

人間の性格というのは、なかなかに複雑なものである。明るいだけという人も、暗いだけという人も世の中にはいないであろう。

どういう性格であれ、自分の性格傾向をつかむというのは大切なことだ。そして、自分が性格的に、ものごとを楽観的に受け止める傾向があるのか、悲観的に受け止めやすいのかは、二十歳を過ぎれば、はっきりとわかるのではなかろうか。

私がいっているのは、性格そのものを変えなさいというのではない。悲観的に受け止める傾向が強いのならば、まず、その受け止め方を少し変えるように努めてみたら、とすすめているのだ。

受け止め方を変えることは、たしかになかなかにむずかしいことであろう。だが、それはつねに意識するようにすれば、必ず可能なことだ。自分の考えが悲観に流れたら、「ああ、またやってしまった」と、自分でそのことに注意することである。

たとえば病気で入院生活を余儀なくされたら、その入院生活をどう受け止めるかは、とらえ方次第で大きく変わる。

「ああ、こんな病気になって、一カ月も入院しなくてはいけないなんて、なんてツイていないのだろう」と思ったら、すぐに切り換えて「まあ、一カ月の休養をもらったと思って、せいぜいゆっくりしながら、日頃読めなかった本をまとめて読んでみよう」などと、少しでもいい方向にとらえるようにする。これは誰もができるはずである。

身近なことに楽しみを見つけることができる人

グチをいったり、不平不満ばかりいったり、悲観的なことばかりいう人とは、誰でもあまり一緒にいたくない。

悲観的な人は自ら人を遠ざけてしまうのだ。たとえば、友人にしばらく会っていないので、元気かどうか電話をする。すると、友人から出てくる話は、次のように悲観的なことばかりだ。

「いやあ、近頃、会社の景気も悪くて、ボーナスもほとんど出そうもないよ。子どもが今度受験で金がかかって大変だしね。体のほうの調子もあちこち痛いし、もういいことないね。小泉政権になって、よくなることなんて一つもないんじゃないか。近頃は児童虐待事件も増えているし、ニュースを見ていると暗くなるばかりだよ。それに老いた父がついに寝たきりになって……」

こんなふうだったらどうだろうか。まあ、今の日本の状況は決していいとはいえないから、落ちこむ話も仕方ないところがあろう。しかし、次から次へと悲観的なことばかりを並べられたら、聞いているほうはたまらない。

「まあ、そんなに悪いことばかり続かないんじゃないの。ボーナスが出なくても、会社がつぶれたり、リストラにあうよりも、ましじゃないか。それよりも何かいい話はないかね」

と水を向けても、

「まったくないね。もう、いろいろとうんざりさ」となる。

こういう人と、話したいという気になるだろうか。

状況が悪ければ、その中に楽しいこと、明るい話題を見つけるのも、相手に対するサービス精神なのではないか。また、状況が悪くても、自分の身近に楽しいことを見つけようとする姿勢が大切ではないか。

「まあ、会社のほうはあまりよくないけどね。そのぶん、多少帰りが早くなったから、近頃は四十の手習いで、公民館で社交ダンスを習いはじめたよ」

などとなれば、そこから話題も広がるではないか。こういう人はどんな状況でも、そこで楽しみを見つけることができる。別にお金がなくても楽しめることはいくらでもある。

身近なことに目を向けてみたらどうだろうか。ちょっと気分を前向きにすれば、楽しいこと、明るいことは見つかるのではないだろうか。

怒りの感情を内にためこまない

ものごとを前向きに割り切ることができる人は、トラブルがなんとか片付けば、何かしこりを引きずるということはない。割り切るというのは、そういうことであろう。

たとえば、ケンカした後で、なんとか仲直りしてしまえば、割り切れる人は、すべて水に流して忘れることができる。

ところが、たとえ表面的には仲直りしたとしても、「あいつ、あのときあんなことをいった」などと、ケンカしたときに侮辱された言葉をいつまでも忘れることができなかったとしたら、そのしこりは心に残り、いつかどこかでその感情が爆発することにもなる。

ちょっとしたことで自分が傷つけられたと感じ、その恨みをいつまでも忘れずにいる人がいる。相手のほうは、傷つけたことさえ気がつかない。ましてや、そんなことで恨まれているなどとは思いもしないだろう。

自分では相手を傷つけるつもりなどまったくないのに、いったこと、やったことが知らずに相手を傷つけていたなどということはあるものだ。どこで相手を傷つけてしまっているかはわからない。

逆に、触れられたくないことに触れられて、恥をかいたと思うようなこともあろう。思いもかけず、相手の何げないひと言に傷つけられるようなこともあろう。

そんな体験がまったくないという人など少ないのではないか。相手を傷つけるつもりでいったり、やったりしたならば、それは確信犯だといえよう。だが、そんなつもりがまったくないにもかかわらず、思いもかけず互いに傷つけ合ったりしていることがある。

相手が悪気がないとしても、もし、自分が侮辱された、傷ついたと思ったら、そのことを相手にきちんといったほうがいい。時には怒りをぶつけてもいいのではないだろうか。仕事上の関係ではそれは無理かもしれないが、それでも婉曲的に不快感を表すなど、その場で、きちんと表現したほうがいい。

その場のことは、その場で解消することだ。それをじっと我慢するから、怒りが内向することになる。そして、相手のやること、いうこと、すべてが自分を攻撃しているかのように、被害者のように受け取るようになってしまうのだ。

内向させずに、その場で怒りを表すことができる人は、根に持つことがない人であろう。

ホンダの創業期、まだ従業員も少なかった頃の話だが、ホンダの創業者・本田宗一郎さんは、部下たちが失敗などしたら、「ばかやろう」と、よく怒鳴ったという。だが、本田さんは、仕事が終われば、怒ったことなどは忘れて、部下を飲みに連れていった。本田さんのさっぱりした気性を部下もわかっていたから、多少叱られたくらいでメゲることもなかった。

いずれにしろ、怒りなど、自分の感情をためるのがもっともよくない。その場、その場の感情をいかに処理して、切り換えることができるかが、大切なのだ。

日記は自分を振り返る効果がある

十九世紀スイスの哲学者でアミエルという人が書いた『日記』は有名である。厭世的な気分に満ちた『日記』は一八四七年から彼が死ぬ八一年までの三十四年間もの間、書き続けられ、ノートにして一万七千ページにも及ぶ膨大なものである。本になっているのは、その抜粋である。

『日記』は、小心で実人生に背を向けて自己分析に喜びを見いだしたアミエルの、繊細な魂の綿密な記録といわれている。

このアミエルのように、実人生に背を向けて自己分析のために日記を書くということもあるかもしれない。

だが、平凡なわれわれは、実人生をよりよく生きるために日記を使うべきであろう。

ある人は、何かイヤなことがあると、日記を書くのだという。たとえば、会社の上司の反対で自分の企画が通らなかった。自分の企画のよさがわからない上司は、なんとバカだろうと思い、どうにもむしゃくしゃしてしょうがない。だが、その場で上司に面と向かっては何もいえない。それだけに家に帰ってからも、まだしゃくにさわって仕方がない。

そんなときには、机に向かって、自分の思いのたけを日記につづる。すると、気分がいくらかすっとするという。

また、夫婦ゲンカをしたときなどにも、わからずやの女房の悪口を日記に並べ立てる。すると、いくらか溜飲《りゅういん》が下がる。

しかも、日記を書いていると、悪口を並べるにしても、必然的にそのときの状況を思い返すことになる。

すると、冷静な気分になって、相手の非ばかりでなく、自分も多少は対応が悪かったのではないか、相手を怒らせるような言動が自分にもあったのではないか、などという反省も湧いてくるものだ。

書くという行為は、自分を客観的に見つめ直すきっかけにもなる。アミエルではないが、書くことによって、どんな人でも多少は内省的な気分になれるのだ。

だから、イヤなことがあったら、日記に書いてみる、相手とぶつかったりしてイヤなやつだと思うようなことがあったら、日記にそいつの悪口を並べる。自分の怒りを鎮める効果だけでなく、ものごとをしっかりと見つめ直すきっかけにもなる。

日記を書くのは、気分転換のいい方法なのだ。

人を羨ましがる人は自分に不満のある人

前向きに生きている人に共通するのは、人を羨《うらや》んだり、妬《ねた》んだりすることが少ないということであろう。羨んだり、妬んだりすることがまったくないというのは、なかなかむずかしいことだろう。

「隣の芝生はきれいに見える」というように、人様のことは、よく見えることが多い。

「隣の旦那さんは一流商社勤めで給料もいい。それにひきかえ、うちの亭主は」

「あそこの息子さんは今年東大に入ったんですって。それにひきかえ、うちの息子は三流大学にも入れず、浪人して」

「○○子の旦那さんは、なんてやさしいのかしら。土日は掃除から料理までしてくれるというのに、うちの亭主ときたら」

などと、人と比べて羨ましいと思ったら、不満は尽きなくなるであろう。

なんでも羨ましいと思う人は、自分で自分を不幸にしている人だ。相手が少しでもいいと思えると、そのことが羨ましくて仕方ないのであろう。だが、羨んでいる相手の本当の姿をどれだけ知っているといえるのだろうか。

はたから見れば、羨むような贅沢な生活をしていても、その実、夫婦関係はうまくいっていないかもしれない。やさしそうに見える亭主が、実は大変な暴君かもしれない。出来がいい息子が、勉強だけはできるかもしれないが、親のいうことなど、まったくきかない子どもなのかもしれない。羨ましいと思っている相手でも、それなりに問題は抱えているものだ。

人のことを羨ましがる人は、自分のことに満足していないのだ。たしかに、リストラにあって失業などしていれば、大変な状況にいよう。そんなときには、同じ大学を卒業したのに、就職先がたまたま違っていただけで順調にやっている人を、羨ましいと思うこともあるだろう。

「大学時代はおれのほうが成績がよかったのに、なぜ、あいつがうまくいっていて、おれのほうは」と思うかもしれない。

だが、人生にはいろいろな局面がある。いいときもあれば悪いときもある。今、順風満帆にいっていても、明日のことはわからない。人を羨ましがっているよりも、自分が直面している問題を一つひとつ解決していくしかないのだ。人と比べて、羨ましがったり、妬んだりしていても、何も問題は解決しないのだ。

そんなことよりも、自分の足元を見つめて、一歩一歩、歩んでいくしかない。逆境にあるときほど、人のことを見るのではなく、自分を見つめるべきであろう。そして、自分の力を信じることが必要なのだ。

前向きにとらえる人は、羨ましいという感情を持ったときには、それをバネにして、なんとかいい方向に自分を向けていこうと思うものだ。それに対して、羨ましいとか妬ましいという気持ちになる人は、とても自分がそうなれないと思ったとき、相手を見下そうとしたり、そうできないならば、相手を恨んだりする。

あまり人と比べることがない人は、それだけ羨ましいという気持ちも抱かない。たとえ多少は羨ましいと思うようなことがあっても、人は人、自分は自分と思える人である。

つまり、そこに確固たる自分を持っているのだ。そういう人は、何ごとも前向きにとらえることができよう。

忘れることができるから、明日を楽しく生きられる

年をとると、人の名前や本や映画のタイトルなどがすぐに出てこない。

「えーっと、あの映画に出ていた、あの人、誰だっけ」

「あの映画ってなんていう映画？」

「ほら、あの映画よ、あの映画、アメリカ映画で、ＳＦもので」

などということになる。思い出そうとしたときには出てこないで、とんでもないときに名前が出てくる。私もそういうことが多くなってきた。四十代後半から、どうももの忘れが多くなってくるようだ。

しかし、忘れることがすべて悪いかといえば、そんなことはないのだ。人間、年をとっていけば、それだけ知識や経験も多くなっていく。すべてを覚えていたのでは、とても新しいことを覚えていくことはできない。自然のうちに、不必要なことは忘れるようにできているのではないだろうか。

ぼけては困るが、過去のあまり細かいことまで覚えておく必要などないのだ。必要になれば、記憶をさかのぼっていくことで思い出すこともできよう。年をとると、即座に出てこないだけである。

父・茂吉の歌に次のようなものがある。

日に幾度にても眼鏡《めがね》を置き忘れ　それを軽蔑《けいべつ》することもなし
日に幾度愚《ぐ》なる行為をわれ為《す》れど　その大かたはもの忘れのため

いずれも五十代から六十代にかけての歌であるが、その数年後には、最後の「絶唱」といわれた歌集『白き山』の中に詠みこまれた歌をつくっているのだ。

かくいう私も本格的な単行本を「強制」されて書いたのは四十七歳のときで、亡父・茂吉の一生をつづった『茂吉の体臭』であった。中年以後、はからずも父と同じように二足のわらじをはくようになったのである。記憶力が衰える中年以後も、ますます活発に能力を発揮することは可能であろう。

そして、人間には忘れる能力があるからこそ、新たな能力を発揮したり、今日を楽しく生きていくことができるのではないか。いつまでもつらいこと、イヤなことを鮮明に覚えていて、頭から離れないというのでは、今日から明日を生きていく気力も失われよう。

つらい体験は整理して記憶の引き出しにしまう

あまりにもショックな事態に直面すると、人はそこから逃げようとして、記憶喪失になることがある。

現在の精神医学の分類では「解離性障害」の中の「解離性健忘」と分類されているが、心因性健忘である。非常にショッキングなことを体験して、その記憶を忘れたいという欲求が無意識のうちに働いて、そのいやなことの記憶をすっかり忘れたり、時には過去の記憶すべてを忘れてしまうということである。

このように、あまりにもショッキングで受け入れがたい体験をすると、それを忘れたいという無意識の心理が働くことがある。

その治療は、少しずつ現実を受け入れられるようにしていくことである。急に記憶を思い出させようとすると、そのショッキングな現実に耐えられないのだ。また、耐えられないからこそ、その記憶を抑圧したわけである。

つまり、精神的に、その記憶に耐えられる強さを身につけてからでないと、記憶を思い起こし、現実に直面できるようにならないということである。

この解離性健忘のメカニズムではないが、イヤな体験は、できるだけ思い出したくない、忘れてしまいたい。こういう心理は、誰でも自然に働くものである。ただし、その病理を乗り越えるためには、きちんと現実に直面する必要がある。すべてイヤなことは忘れてしまえといっているのではない。一度きちんと悩んだり考えたりする必要はある。しかしそこで悩んで、イヤなことにとらわれずに、頭をすっきりさせて、忘れるようにすることも必要だということである。

それは「忘れる技術」といってもいいのではないか。

年をとれば、もちろん、記憶力は衰えるのではあるが、それは見方を変えれば、「忘れる技術」にたけることではないかと思う。

きちんと悩んだり、つらいことを一度しっかり受け止めたら、記憶の引き出しの中に整理してしまえばいい。必要があれば、また引き出して、その体験を生かすこともできるであろう。それが、今日から明日を前向きに生きる秘訣といえるのではないだろうか。

第4章

こういう人のそばにいたい

―身近な関係だからこそ、気遣いが必要だ―

「頼らない人」が頼りがいのある人

よく「私は頼りになる人が好き」という女性がいる。頼りになる人が好きなのは、女性だけとは限るまい。頼りがいのある上司、頼りがいのある友人などということもある。しかし、だいたい「頼りになる人が好き」という人は、そもそも依存的なのではないだろうか。

私もよく「頼りになる人とは、どんな人なのですか」などと聞かれるし、また、私のことを「頼りになる人だ」といってくれる人もいる。たしかに「頼りになる人」といわれれば、不愉快ではない、それどころか、まあ、いい気分になるものだろう。

困ったときに力になってくれる人というのが、たぶん頼りになる人ということになろうか。だが、困ったときといっても、人それぞれに違う。たしかに、人に相談したいと思うようなときもあろう。乗っている船が遭難して、救助してくれる相手を求めるといったせっぱ詰まった状況に陥るということもあるかもしれない。しかし、それは頼りになる人が好きということとは根本的に違う。

人間が社会生活を営んでいるのは、まったく一人で生きていくことができないからであろう。まさに人という漢字が寄りかかりあった者同士を表しているとおりである。だが、それは人間の本性ともいうべきもので、人間が社会的な存在であることを象徴しているものであろう。

そのことと、はじめから人に頼ろうという姿勢とは違う。頼りになる人という発想自体に、そもそも人に頼ろうという依存心があるのではないか。

「天は自ら助くるものを助く」という言葉があるが、まず、自分で最大限の努力をした上で、あとはまさに神様次第、運次第というものではないか。

もし、ほんとうに困ったときに助けてくれる頼りがいのある人が出てくるとしたら、その困っている人が最大限に努力したからだと思うのだが。

そういう意味で、頼りになる人はどんな人なのかと考えること自体、主客転倒した考え方ではなかろうか。

むしろ心がけるべきは、「頼らない人」であろう。いくらそう心がけても、いろいろな人に世話になっているのだ。まずは「頼らない人」を心がけることこそが、ほかの人から見れば、「頼りがいのある人」ということになるのだ。頼りになる人が欲しいといっているようでは、その人は決して頼らない人にはなれない。

自分のことは自分で決められる人

「ねえ、ねえ、あれどうしたらいいと思う」

などと、何かというと、人に自分がどうすればいいのかを聞く人がいる。

「そんなこと、自分で決めればいいんじゃないの」

と、突き放したような対応をすると、

「冷たいわね」

などといわれ、時には、恨まれたりすることさえある。

逆に「こうしたらいいんじゃないの」などといって、相手がその通りにしてうまくいけばいいが、うまくいかなかったら、それはそれで大変なのだ。

「あなたがこうしたほうがいいといったから、やったんじゃない。でも、うまくいかなかったわよ。どうしてくれるの」

などと、うまくいかなかった責任をなすりつけられかねない。

こういう人には、親身になってアドバイスしてもしなくても、いずれにしても相手から恨まれたりすることになる。何かというと、人に聞いたり、人を頼りにする人が身近にいると、その関係は面倒なものになる。

他人をすぐに頼りたがる人、自分のことを人に決めてもらいたがる人は、依存心が強い人だ。他人に依存的になるのは、たぶんに性格によるものが大きいが、その育ってきた環境の影響も大きい。自分がどうも人に対する依存心が強いようだと思えるならば、即刻改めることだ。ただし、自分でそのことに気がつかないからこそ、問題なのだが。

人間は誰しも、誰かに依存したい気持ちがあるものだ。心理的にも誰にも頼らずに生きていければそれがいいが、なかなかそうはいかない。そういうときに、まず寄りかかれるのは、家族ということになろう。

たとえば、子どもが人から何か悪いことをしたと疑われることがあったとしたら、最後まで信じてくれるのは母親であろう。幼い子どもは母親の愛情があればこそ、安心して外の世界に出ていくことができるのだ。

つまり、子どもにとっては、母親とは自分のことを心から心配してくれている、見守ってくれている、何かあったときには守ってくれる、そう信じることができる存在である。そうした母親に対する絶対的な信頼感があるからこそ、子どもは自立していくことができる。

もし、子どもが、母親に対して絶対的な信頼感を抱けないと、子どもは母親から離れて外の世界へ出ていくことができなくなってしまう。母親にしがみついて離れられない子どもは、どこかで自分が見捨てられてしまうのではないかと、母親に対する不安感を抱いてしまうのだ。

こうした子どものように、依存心が強い人は、不安が強いといえる。相手から見捨てられるのではないかという不安が強いために、よけいに相手にしがみつく。

自立した人間関係を持てる人は、そうした不安にとらわれていない。それは自分が愛されているという安心感があるからだ。たとえば、母親から離れて暮らしていても、自分は母親から愛されているという安心感があれば、ほかの人にも依存しない人間関係を持つことができるはずである。

ところが、そうした安心感がないと、大人になっても、誰かにしがみつかずにはいられない人になってしまう。まずは、家族関係、親子関係がいかに大切かということであろう。

社会に出たら、やはり、まず自分のことは自分で決めていけなければ困る。そのためには、何かというと、人を頼りにするのを自戒することだ。

人づき合いがうまい人は、人が好き

長くつき合いの続いている友人との間柄を振り返ってみると、どのようなつき合いなのだろうか。ちょっと思いつくままにあげてみよう。

●親しいとはいえ、お互いにあまりプライベートのことには口を挟まない。

●なんでも気軽に相談できる。しかし、こちらからアドバイスを求めれば、忠告はしてくれるが、押しつけがましくはない。

●金銭の貸し借りはできるだけしない。

●お互いに相手にいいことがあれば喜べる。

●「この人に何か頼むことがあれば、まず力になってくれるだろう」という信頼はあるが、それだけにかえって、頼むのは自分がせっぱ詰まったときの最後の手段と考え、できるだけ依存しないようにしている。

私が長年つき合いの続いている友人関係を考えると、とりあえず、こんなことが思い浮かぶ。

つまり、長いつき合いになればなるほど、親しいとはいえ、知らず知らずのうちに一定の距離をおいているのだ。

親子や夫婦となればその距離感は少し違ってくるが、他人との関係となると、やはり、お互いの間の距離感というのは、とても大切なのではなかろうか。

あまりに近づきすぎると、どうしてもぎすぎすしてしまうことがあるのだ。

そんなことをいったら、本当に親しい間柄になれないのではないかという反論も出てくるかもしれない。しかし、人間関係というのは、たとえ夫婦であっても、親子であっても、個人と個人の間の距離、それがどの程度の距離かは別として、どのような距離を取りながらつき合っていくかという距離感が大切だ。そして、その距離を適正にとれる人が、人間関係がうまい人ということができる。

それだけに、相手によって距離をどのくらいとるのかを見定めなければならない。普通はそれを別に意識しないでやっているものであろう。それは、つき合いながら、決まっていくものなのである。

まあ、人間関係のうまい人というのは、自然と距離をとれるのだが、人間関係でトラブルの多い人は、そのへんのカンが悪いといえよう。相手によってうまい間合いをとれるのは、人間関係の達人といってもいい。

こちらの都合も考えずに、どんどん近づいてこられても、やはり困るであろう。そうなれば、こちらはどんどん逃げるということになる。

お互いにひかれ合い、もっと親しくなりたいと思うからこそ、つき合いを続けるのだ。一方が親しくなりたいと思っていても、相手がそう思わなければ、その距離は近づくことはない。

そして、つき合い続けることによって、相手の性格などもわかってきて、この人は、あまり自分のプライバシーに入ってこられたくないのだなとわかれば、そういうつき合いを心がけるようになっていく。いわば気心が知れるようになるのだ。

その意味では、相手がどのような人間なのかがわからなければ、どういうつき合い方がいいのかわからない。人との距離の取り方がうまい人というのは、その意味で人をきちんと見ることができる人である。

自分にしか関心がない、自分しか見ていないような人は、相手に関心もなく、人を見ていないのだから、相手のことなどわからない。自分の都合や自分の気持ちだけを相手に押しつけることになる。だから、相手から避けられたり、嫌われたりするのだ。

人との距離の取り方がうまくなるためには、まず人に関心を抱くようにすることである。つまり、人間が好きになれば、自然のうちにうまくなるものではないだろうか。

ほめることは人間関係の潤滑油

誰でもほめてもらえば悪い気はしない。たとえお世辞だとわかっていてもだ。むろん、歯の浮くようなお世辞では、いわれたほうが恥ずかしくなってしまうだろうが。

子どもはほめて伸ばせとはよくいわれる。だが、親から見ると、どうしても欠点のほうが目立ってしまい、なんとか欠点を直してやろうと、注意したり、怒ったりすることのほうが多くなりがちだ。

子どものほうは、いつもいつも親から小言ばかりいわれていたら、うんざりだろう。かえって反感がつのって、親のいうとおりにしようとはしなくなる。

すると、親はよけいに叱ったり、怒ったりするようになる。悪循環である。

自分がほめられれば悪い気はしないのだから、子どもであっても、あるいは他人であっても、できるだけ、いいと思えばほめてあげればいい。ところが、自分と比べて相手がすぐれていたり、いいと思うと素直に言葉に出せない人がいる。そういう人はほめるのにケチな人である。いちいち自分と比べることはないのだ。比べるから、相手のいいところに気づいても、「いや、あいつは恵まれているからだ」などというように、対抗したり、嫉妬心を抱いてしまう。

対抗しても自分も頑張ろうというエネルギーに向けるのならばいいのだ。「僕も彼のように頑張ろう」というのなら、相手のことを「ああ、頑張っていて、いいなあ」と素直に思えるのではないか。

私の祖父の紀一は、幼い頃、私を見るたびにいつも、「ああ、大きくなったね、偉いね」とほめてくれたものである。敷地が広いとはいえ、祖父とは一緒に暮らしていたのだから、ほとんど毎日顔を合わせていたにもかかわらず、である。実際、大きくなったのがわかるはずもなかろう。しかし、いわれた私は、うれしかったのだ。

祖父は、誰に対しても、こんなふうだった。

病院の職員と廊下ですれ違うたびに、「いやあ、ご苦労さん。毎日よくやってくれるね」というふうである。たとえ挨拶代わりの言葉であれ、ねぎらわれれば悪い気はしない。

ほめてくれる人がいると、みんな気分がよくなるものである。身近にそんな人がいたら、「もっと頑張ろう」という気にもなるであろう。ほめることは人間関係の潤滑油になると思うが、いかがであろう。

身近な関係だからこそ、ほめ合いたい

ほめる人というのは、一緒にいる人の気分をよくしてくれる。身近にほめてくれる人がいれば、それにこしたことはない。

もっとも身近な関係といえば、一緒に暮らしている家族ということになろう。親子であれば子どもが独立すれば別々であるが、夫婦となると、最後まで一緒に暮らしていかなくてはならない同志である。身近な人であればあるほど、その相手が自分のことを理解してくれ、折りにふれてほめてくれれば、気分よく暮らせるであろう。

日本の夫婦は、面と向かって「愛しているよ」、「愛しているわ」などという言葉を交わすことが、まずないだろう。

アメリカでは、つねに「愛している」などと愛情を言葉で表現しないと、離婚の原因になりかねないなどといわれるが、たしかに欧米の夫婦はお互いの愛情表

現を日常的に行っているようである。私たち日本人は、とても恥ずかしくてできないが、それは国民性の違いなのであろう。

しかし、私は、少しは欧米人を見習っていいのではないかと思う。そんなことをいうのなら「おまえはどうしているんだ」といわれそうであるが、私の年代では、やはり妻に「愛しているよ」などというのはとてもではないが、照れくさくて言葉にはできない。そんなことはいちいちいわなくてもわかっているだろうと思う。

ただし、私は折りに触れて、妻には感謝の気持ちを表現しているつもりである。もう、だいぶ以前のことになるが、お世話になった方をお招きして謝恩会をかねて銀婚式を行った。このとき、会場へ向かう車の中で思いついて、メモに妻への感謝の言葉を書きつけた。会場で妻へ手渡したのが次のような「表彰状」である。

「あなたは二十五年のながきにわたり、時にはやさしい、時には阿修羅《あしゅら》の如き、夫に仕え、また甚だ個性の強い家族たちとナカナカうまくやり、我が家をこんなにち迄大過なく保ち来りし功績は相当のものである。よって心からの愛情をもって表彰する」

そして、九三年十月には、無事金婚式を迎えることができた。妻によれば「狂《きょう》瀾《らん》怒《ど》濤《とう》のすえに」なんとか平穏な生活へとたどり着いたということだ。いかに、それまでいろいろなことがあったことか。妻には、言葉では語れないほど感謝している。

銀婚式の「表彰状」のあと、妻からトロフィーが贈られてきた。そこには、「MOST PATIENT HUSBAND（もっとも辛抱強い夫）へ」と彫られていた。こちらの本心を見抜かれていたようで、してやられた気分でもあったが、やはり、妻は妻で私なりの苦労なども、よくわかっていてくれていたのであろう。そう思うと、身近によく理解してくれる人がいてくれることが、どれほど心強く、ありがたく思えたことであったろう。

夫婦となれば、お互いにもっともよく理解し合わねばならない関係であろう。そうでなければ、苦労を共にして長年連れ添うことなどできない。

いつもは「愛している」という言葉などいえないとしても、お互いに折りに触れて感謝の言葉をかけ合う、ささやかではあっても、感謝のプレゼントを交換するというのは、お互いの気持ちを表現することになろう。

いくら長年一緒に暮らして、相手のことをわかっているつもりでも、やはり表現しないと、相手には通じないということがある。あまりにも身近だから当然わかっているだろう、と思う。だが、相手が大変だなと思えば、ひと言感謝の言葉をいう。すばらしいと思えたら、素直にほめる。

身近な関係だからこそ、逆に言葉を惜しむのではなく、言葉や態度で表現することが必要といえるのだ。

先ほど例にあげたように、私の祖父は、孫の私に対しても、お世辞と思えるような言葉をつねにかけるような人であった。身近につねに接する人だからこそ、お互いにいい気持ちで過ごすことができたらいいのではないか。

ほめ上手な人は相手が一緒にいて気分がいいのだから、相手は、当然その人と一緒にいたいと思うであろう。身近な関係ほど、相手の欠点や至らぬところが目につくものであるが、欠点を指摘するよりも、いい点をほめることで、欠点も目立たないようになるものである。

まず、夫婦の間、親子の間、身近な関係から、相手のいいところをほめるようにしたらいかがであろうか。

自分がほめられたら気分がいいように、相手も気分がいいだろう。気分がよければ、相手にもやさしく接することができるというものだ。すると、お互いにほめ合えるのではないか。ほめることで相手の好意が自分に返ってくるものである。

身近に一人でも認めてくれる人がいればいい

誰でも自分を認めてほしいと思っている。

たぶん、人から認められるというのは、人間のもっとも基本的な欲求のひとつであろう。ほかの人から認められることによって、人は自分が生きている意義や意味を見いだすといってもいい。だから、人からほめられるとうれしいのだ。

しかし、社会に出れば、人から認められるのは、なかなかむずかしい。仕事ができる、人がいい、やさしい、なんでもいいが、その人のよさをわかってもらい、認めてもらえるようになるには、それなりに努力が必要である。

私の妻は私のことを認めてくれているであろう。また、子どもたちも、それぞれに成長して、今は同じ敷地に一家を構えて住んでいるが、これまで親である私たちの苦労を身近に見知って認めてくれているからこそ、長男がこのようなかたちで、親の近くに住むことを提唱してくれたのだろうと思う。

また、仕事の面でも、病院の名誉院長として、数年前までは週に二日は診察にあたっていた。月に一回でも私に話を聞いてもらいたい、それでまた日々を安心して暮らすことができるというような患者さんたちがいたからである。最近は体調もあって診察はしていないが、執筆活動はこうして行っている。読んでくれる読者の方々がいるからこそ、出版社の依頼も次から次へとくるのであろう。

その意味では、私は身近な人たちにも患者さんたちにも、あるいは不特定多数の見知らぬ読者の方々からも認められているということになるのであろう。

幸いにして、私は家族だけでなく、世の中の人たちからも認められているといえるのであろう。

しかし、一朝一夕でそうなったわけではない。自分でいうのもおこがましいことであるが、それなりに努力し苦労もしてきた。時に人にわかってもらえないと思ったこともある。だが、そんなことではメゲない強さと明るさはあったと思う。

誰でも時に、なぜ自分はこんなに頑張っているのに、周囲の人たちは認めてくれないのだろうと思うことはあろう。だが、そこであきらめてはいけない。認めてもらえるようになるには、努力と継続しかありえない。

そして、一番大切なことは、身近に一人でも認めてくれる人がいれば、それが大きな力になるということだ。

十九世紀オランダの画家ヴァン・ゴッホは生前、世に才能を認められなかった。だが、彼には終生、彼の才能を信じ援助し続けた弟のテオがいた。ゴッホは狂気のうちに自殺してしまうが、ゴッホが自分の才能を信じて死に至るまで絵を描き続けることができたのは、彼を認めてくれていたテオという存在があったからではないだろうか。

お陰で私たちは、「ひまわり」や「糸杉」などの傑作を見ることができるし、ゴッホの絵は後世に大きな影響を残した。

ゴッホの場合は、悲劇的ではあったが、身近に一人でもよき理解者、自分を認めてくれる人がいれば、私たちは、なんとか自分を信じてやっていくことができるのではないだろうか。

まずは、身近によき理解者、できれば認めてくれる人を一人でも得ることが大切なのである。そのためには、自分が認めてほしいというだけでなく、自分が人を認めることができるようになることだ。

サービス精神は思いやりの心で

サービス精神の旺盛な人のそばにいれば、やはり楽しい。私は自分ではサービス精神が旺盛だと思っている。冬など来客が帰られるときには、必ずコートを着せてあげることをモットーとしている。

また、女性の知り合いなどに久しぶりに会えば、

「今日はエレガントな服装でよく似合いますね。また一段とお美しい」

「少しも変わりませんね。いや、変わらないどころか、またお若くなりましたね」

などと、必ず、多少のお世辞を交えて、大いにほめる。

このようにいわれれば誰しも悪い気はしないだろう。久しぶりに会って、老けたなと思って、その思いを正直に言葉にしたら、相手はどう思うだろうか。私などでも、

「先生、最近頭のほうが薄くなりましたね」

などといわれたら、決していい気持ちはしない。

むろん、お世辞も相手によるかもしれない。

「いやあ、若々しい服装で、お会いするたびに、年々お若くなりますね。どちらが娘さんだかわかりませんね」

と、多少オーバーにいっても、

「あら、いやだ。そんなに若返ったら、そのうちに赤ん坊になってしまいますね」

などと、ケラケラ笑いながら冗談で返してくれるような相手ならいいが、服装が派手なのを皮肉られたと受け取られて、かえってむっとされるようでは困る。

この場合は服装とひと言付け加えてしまったことが失敗のもとなのだろう。

しかし、一般に女性には、「いつもお若いですね」といっていれば、まずイヤな顔をする人はいないだろう。男性でも然りである。

思ったことをそのまま口にすることが正直でいいとは限らない。たとえ奥さんに対してさえも、「おまえ、この頃、白髪が増えたな」などとストレートな言い方をしてしまうのはよくない。「いや、どうもおまえに苦労をかけているようだね」などと、さりげなく注意を促せればいい。

相手の立場に立てるというのが、サービス精神の基本であろう。思ったこと、感じたことを正直にいえばいいというものではない。伝えなければいけないことが相手を傷つけかねないことであればあるほど、相手の立場に立った思いやりが必要であろう。

感謝の気持ちを表せる人

来客が帰られるときに、私がコートを着せてあげるというのは、実は父・茂吉を見習ってのことである。父は、来客が帰られるときには、いつも玄関まで立っていき、コートを着せてあげていたものである。たぶんその習慣は、父がヨーロッパ留学中に身につけた習慣ではなかったろうか。

父は大変なカンシャク持ちで、私たち子どもや身近な人にとっては、気むずかしく怖い面があった。しかし他人には、感謝の言葉を忘れない、やさしい面があった。ことに郵便配達の人には、必ず「ご苦労さん」という言葉をかけていた。雨の日も風の日も、郵便を届けてくれることへの感謝の気持ちをご苦労さんという言葉で表現していたのだろう。

父はしばしば箱根の強羅の山小屋で仕事をしていたが、その折りに、配達してくれる人には、子どもの私から見ても、感謝の気持ちが強かった。出版社などからの手紙は、ほとんどが速達なのだ。急ぎの用事でもないのに、速達でくると、父は速達にして出した出版社に対して激しく怒る。それは、

「この速達のために汗を流して急いで山道を登って、大変な思いをして配達にくる人がかわいそうだから」

というのだ。

それだけに、配達してくれた人に対する感謝は、並大抵ではない。過分なチップをあげたり、決して得意ではない色紙を、必死になって書き上げて渡したりしていた。

郵便配達の人は、配達するのが仕事である。仕事なのだから、配達してもらって当たり前と考えがちではないか。しかし、父はそうはとらなかったのである。必死で仕事をしてくれることに素直に感謝したのだ。

私が幼い頃は、ご飯茶碗に米粒が残っていると、「お百姓さんが一生懸命に作ってくれたご飯を残して、そんなにもったいないことをしてはいけませんよ」などといわれたものである。たぶん、中高年の方ならば、親からそういわれた覚えがあろう。

そこには、もったいないということもあろうが、お米を作ってくれた人たちに対する感謝の気持ちがある。ところが、今はどうだろうか。子どもにそんなふうに注意する人はいるのだろうか。

仕事なのだから当たり前、してもらって当たり前になっていないだろうか。考えてみれば、私たちは、いろいろな人のお陰で、こうして生活していられる。それは、それぞれの仕事でお金をもらっているのだから、いいのではないかという割り切った考え方もあろう。しかし、そうした割り切った考え方が、感謝の気持ちを表す言葉を失わせているのではないだろうか。

仕事であっても、何かしてもらったら「ありがとう」、「ご苦労様」と、ひと言感謝の気持ちを表す言葉が出ると、お互いに気持ちよくなれるであろう。

感謝の言葉は、いわれるほうの気分をほぐす。どうも私たちは「ありがとう」という当たり前の言葉を惜しんでいるのではないか。気恥ずかしいということもあろう。だが、感謝の言葉は、周囲の雰囲気をなごませるはずだ。

そうして、お互いに感謝の気持ちを素直に表せれば、人間関係がぎくしゃくすることは少ないのではないか。

これは当たり前といえば、当たり前のことであろう。その当たり前のことを、まず身近な人に実行してみたらいかがであろうか。奥さんが作ってくれた料理を、当たり前のように黙って食べていたのを、今日から「ありがとう」、「ご苦労さん」とひと言添えてみたらどうだろう。会社でも、同様である。

感謝の言葉がひと言いえる人は、周囲の人たちの雰囲気をなごませるはずである。

楽しい人、おもしろい人

子どもたち、ことに女の子に人気があるのは、なんといっても楽しい人、おもしろい人だろう。大人でもそれほど変わらないかもしれない。

毎年、好感度ナンバーワン・タレントなどが発表されるが、毎年変わらず人気が高いのは、男性では、明石家さんまさんのように明るいキャラクターのお笑い系のタレント。女性となると、おもしろいというよりも、美人で感じがいいというような印象を与える人が多いようである。それでも時に、お笑い系の女性が顔を出すことがある。一時期、何年か連続して一位になっていたのは、たしか山田邦子さんだった。

いずれにしろ、おもしろい人、ユーモアのある人、楽しい人が人気があるのは当然であろう。日本人は、あまりユーモアがうまい民族とはいえないが、それは一般に勤勉でまじめという日本人の性格的な面が関係あるのだろう。

そうはいっても、笑いというのは、人の気持ちをいやしてくれる働きがある。だからこそ、身近に笑いを振りまいてくれる人がいれば人気も集まろうというものだ。

最近、そのユーモラスな作品で人気のある脚本家に、三谷幸喜さんがいる。舞台や映画などでの活躍も目立つ。

三谷さんが、あるテレビ番組で、こんな話をしていた。視聴者からの質問に、「三谷さんは、外国語が堪能のようですが、何カ国語話せるのですか」とあった。質問者は、外国の舞台などで挨拶する三谷さんの姿を見て、そう思ったのであろう。

三谷さんこたえていわく、

「日本語だけです」

彼は、外国などでスピーチしなくてはいけないとなると、とにかく丸暗記するのだという。そして、たとえば、英語でスピーチするときには、その枕に「私の英語がわかりますか」と聞く。それに続けて「私は自分の英語がわかりません」という。すると、会場はどっとわくそうである。ロシア語バージョン、ドイツ語バージョンも用意してあるそうである。

大まじめな表情で、そうしたことを語るのが実にユーモラスである。いかにも、おもしろい方で、この人がつくった舞台はさぞかしおもしろいだろうと、見たことのない私でも、一度拝見したくなったほどである。

ユーモアのある楽しい人の周囲には笑いが絶えない。笑いがあるところ、日頃の憂さも吹き飛ぼうというものである。

ユーモアできすぎすした関係をうまく避ける

ユーモアは緊張をほぐしてくれるものだろう。私は講演の折りには、最初にジョークをいうのを心がけている。それは毎回聴衆が違い、聴いてくれる方がどういう人かわからないので、最初に反応を見るということもある。

それと同時に、まず最初に話し手のこちらと聴き手の間に漂っている緊張をほぐして、雰囲気をやわらげるためである。

「私はしげた（茂太）という名前ですが、みなさんはモタとよくおっしゃいます。モタといわれるのは構いませんが、ただし、モタを二回続けていわれては困ります」

などといって、聴衆の反応を見る。すぐに「モタモタ」と、わかって会場に笑いが起これば、緊張もほぐれ、こちらの舌もなめらかになり、ジョークも次々に出てくる。あまり反応がない場合には、かたい人が多いと見越して、ジョークは控えめにする。

ジョークがうまく通じるケースもあれば、それほど反応がない場合もあるが、まずジョークを最初に交えることは、そこに漂う緊張感をほぐす効果がある。

その意味で、緊張した状況であればあるほど、そこにひと言ユーモアを交えると、場はずっとリラックスするものだ。

かつてアメリカ大統領だったレーガンが暴漢に撃たれて病院に運ばれたときに、医者に向かって「きみは共和党の支持者だろうね」といったという話は有名である。

レーガンは共和党だから、医者が反対政党の民主党の支持者だとしたら、信用できないというジョークであろう。

こんなふうに危急の際にも、ジョークがいえるのは、心の余裕がある証拠であろう。このことが伝えられると、レーガンの支持率が大きくアップしたというのだから、いかに気の利いたユーモアが自己アピールとしても大切かがわかる。

また、ユーモアを交えれば、何かを頼まれて断らなくてはいけないときにも、普通ならば、ぎすぎすしてしまうのを、うまく避けることもできる。

夏目漱石にこんなエピソードがある。漱石は小説だけではなく、俳句もよくつくった。あるとき、時の首相・西園寺公望から「雨声会」という文人の会に招待されたが、漱石はこういう会は苦手だったらしく、断りの手紙を出している。そこに俳句を一句書きつけた。

時鳥《ほととぎす》 厠半ばに 出かねたり

せっかくのお誘いだが、トイレに入っていて行けないというのである。このようにユーモアを交えて断られたのでは、首相といえども無理強いはできなかったであろう。苦笑いしてあきらめるしかあるまい。

昔から庶民には、五・七・五のかたちに笑いをこめた川柳がある。怒りや嘆きを風刺というかたちで笑いとばそうという庶民の知恵でもあろう。落語などが好まれるのも、そうだ。そういう意味では、いかに笑いというのが私たちの日常生活で大切なものかがわかる。

私もつねに笑いを心がけている。ある晩のことであるが、ベッドの足元によけいな布団が積んであった。いつもよけいなものは妻に片付けるようにいってあるのだが、その日は片付け忘れたらしい。私は後で妻が気づくように、そのままにして寝た。ところがである、私はお陰で、足を鎖に縛られた夢を見たりして、一晩中うなされることになった。

翌朝、私は妻に「とうとうピネルは現れなかったね」といった。それに対して、妻はすかさず、こう謝った。

「ピネルが参りませんで、どうも申し訳ありません」

私は内心「ピネルがわかるとはエライ奴だ」と舌をまいたが、読者の方にこのユーモアが通じるであろうか。

ピネルとは、フランスの精神科医で、フランス革命のときに、それまで精神病院に隔離され鎖につながれていた精神病者を解放した人で、パリのサルペトリエール精神病院の前には大きな銅像が立てられている。妻も精神科医の娘であったので、知っていたのであろう。こうした応酬ができれば、ちょっとしたことでケンカになることもない。

私たち夫婦はこんなふうに、私たちだけにしか通じないかもしれないシャレをいい合うことで、摩擦を解消しているともいえよう。妻は「超」のつくほどのまじめ人間で、あまりユーモアを解さないようなタイプであるが、長年身近にいる私の影響を受けているせいだろうか、飛行機好きの私の趣味に合わせて、こんなふうに、朝、私を起こしたりする。

「ただいま、ジャンボでございますよ」

この意味がおわかりになるだろうか。ジャンボとは、ボーイング747のことだが、つまり、「ただいま七時四十七分でございますよ」という意味である。

また、私がたまに夜更かしなどしていると、妻から「あなた、ワン・オー・フォーでございますよ」と注意される。ワン・オー・フォーというのは、私が以前に乗ったことがある航空自衛隊の超音速戦闘機F104のことだ。つまり、もう午前一時四分ですよ。遅いからもうお休みなさいというわけである。こんなふうに注意されたら、もう少し起きていたいと思っても、黙って従うのみである。

まじめだからこそ、にじみ出るユーモアもある

できるだけユーモアは心がけたいものである。だが、なかにはユーモアのかけらもないようなきまじめな人もいよう。

私の父・茂吉は粘着性性格、まさにかたくてきまじめだった。私が冗談をいおうものなら、「つまらないことをいうのはやめろ」などと、よく叱られたものだ。

そんな父であったが、父が詠んだ歌にこういうのがある。

鼠の巣片づけながらいふこゑは「ああそれなのにそれなのにねえ」

昭和十年当時、「ああ、それなのに、それなのに」という歌詞の歌がはやった。その頃、父は、屋根裏の修理を職人に頼んだ。鼠の巣がそこにあったので、ついでに、その片付けを頼んだらしい。そのときに職人がくちずさんだのか、父はさっそくそれを取り入れたのだろう。

父は大まじめなのだが、それだけにかえってはたから見るとはからずもユーモアのあるものになっている。

また、こんなことがあった。茂吉の三十三回忌のことであるが、当時の入江侍従長に紹介していただいたエピソードである。一九四七年に昭和天皇が全国を巡行されたとき、山形の上山市に疎開中だった茂吉が和歌についてご進講申し上げた折りのことである。

陛下が「斎藤はいまでも医者をやっているのか」とおたずねになったとき、父は「医者はやっておりません」とこたえた。さらに陛下が「いつまで医者をやっていたのか」とおたずねになると、「はじめからやっておりません」とこたえたという。

会場の人たちは思わず笑いをもらしていたが、まさに茂吉が大まじめな人だけに、そこにユーモアが感じられるのであろう。本人の意識としては、歌人・茂吉であって、医者は仮の姿であったということなのだろう。

自らジョークをいおうとしないような、まじめな人であっても、そのまじめさゆえに、期せずしてユーモラスな雰囲気を漂わせることはあるものだ。それを人柄ということもできよう。ユーモアを心がけることも大切なサービス精神であるが、おもしろいことだけがすべてではないことも確かである。

上質なユーモアには、人をけなしたりして笑いをとるのではなく、誠実な姿勢が必要だということではなかろうか。

相手に誠実さを求めるか、自分が誠実になれるか

女性に、結婚相手にはどのような人がいいのかと聞くと、「誠実な人」というこたえが決まり文句のように返ってくる。では、「誠実な人」とはどのような人なのだろうか。女性が求める誠実な人とは、すなわち、その女性に誠実な人ということであろう。

そう考えれば、友人であっても、自分を裏切らない誠実な人がいいであろうし、また会社の同僚、上司、部下に対しても、自分に誠実であればいいということになろう。

しかし、どうも相手に自分に対する誠実さを求める人というのは、自分がまず主役ということしか頭にないのではなかろうか。

だから、たとえば結婚相手に対して、自分は浮気をしても仕方ないが、相手が浮気をするのは自分に対して誠実ではないから許せない、などという勝手な理屈

をつけたりする。旧来の男性などは、そういうタイプがいたものである。最近は女性のほうが、そういう理屈を振り回しているのかもしれないが。

人にサービスを求めるならば、まず自分のほうが人に対してサービス精神を発揮すべきであろう。それと同じで、人に誠実さを求めるのならば、まず自分が人に対して誠実であるかどうかを反省してみる必要があるのではなかろうか。

そうした配慮がないままで、人には誠実さを求めて、自分のほうはひたすら身勝手に振る舞っている、あるいは、自分が身勝手に振る舞うために、人には自分に誠実であってほしいというのだ。そういう人間には、相手は決して誠実ではなかろう。

本章で私は、「こういう人のそばにいたい」ということをテーマにして話をすすめてきた。自分がそばにいたいような人を想定したら、まず、自分がそうであるように心がけることではないだろうか。

誠実な人がいいというのであれば、まず自分が人に対して、誠実な態度をとっているかどうかをよく考えてみてほしいのだ。「相手の都合も考えずに、私は私のしたいようにする、勝手にする」というのでは、はじめから人に対する誠実さなど、持ち合わせていないのではなかろうか。誠実な人ほど、相手の都合や相手がどう考えているかを思いやる想像力を、持っているのではないか。

相手に誠実さを求める前に、自分が相手に誠実であるかどうか、それを考えることができる人こそ、誠実な人であり、そういう人には、誠実な人が周囲に集まるのではないだろうか。

第5章

気持ちの整理の仕方がうまい人

―心に余裕を持てば人間関係はうまくいく―

人との距離感のうまい人は自分を知っている

人間関係というのは、つきつめていえば、自分の人生のあり方の鏡ではないかと思う。

そういってしまうと、それでは周囲の人との人間関係がうまくいっていない人は、自分でそのようにしているのか、その人の人生のあり方の問題なのか、と問われるかもしれない。私は、「然り」といっていいのではないかと思う。

しかし、うまくいっているかどうかを判断するのは、あくまでも本人であろう。周囲からは「あの人、浮いている」、「あの人、友だちいないのよね」などといわれても、本人がそれでいいと思っていれば、問題はなかろう。もちろん、周囲の人に迷惑をかけているのでは困るのだが、そうでなければ、友だちがいようがいまいが、本人が、それでいいと思っていればいいのではなかろうか。

ただし、問題になるのは、そのために自分が悩んでいる、あるいは周囲を困らせているというような場合である。

たとえば、周囲からは、定年退職して会社の人間関係もほとんどなくなり、どうも友人などもいないようで、寂しいのではないかと見られているようなお年寄りがいるとしよう。しかし、その人は、定年後、人間関係の煩わしさから解放されて、夫婦で旅行を楽しんだり、趣味の釣りなどに出かけて、充実した日々を楽しんでいるかもしれないのだ。

こういう人は、あまり友人などいなくてもいいという人であろう。人間関係にあくせくするよりも、一人自分の楽しみを追求するような人である。そういう自分の個性に合ったかたちでの対人関係の距離の取り方を、それまでもしてきたのであろう。結果として、仕事から離れて親しい人などいなくても、その人はそれでいいと納得しているのだ。しかも誰にも迷惑をかけていない。

一方、同じような生活をしていても、夫婦で旅行を自由にできるようになってもあまり楽しくない、ようやく趣味の釣りを思い切り楽しめるようになったのに、どうも自由にできるとなると、かえって楽しくないという人がいる。

そういう人は、それまでの人間関係が断ち切られてしまったと感じている。これまでは、煩わしい面があったとはいえ、いつも会社でいろいろな人と接したり、帰宅途中で飲んで、グチをこぼし合えたつき合いがあった。ところが、すべてなくなってしまって、寂しくて仕方がないのだ。しかも、ふと振り返ってみると、仕事関係のつき合いしかなく、気軽に一杯飲もうと誘うような間柄の人間関係がほとんどない。

こちらの人はどうだろうか。本来は、人とのつき合いがないと寂しくていられない人なのだろう。

ところが、定年まで仕事をしてきて、仕事の人間関係しかつくってこなかったのだ。このような人は、友人がいないと後悔するかもしれない。「なぜ私には親しい人間関係ができなかったのだろう」と悩むことになるかもしれない。

こういう人は、自分の性格や方向性にかなった人間関係をつくろうと努力してこなかったといえるのではないか。自分の個性をあまり考えてこなかったともいえるのではないか。それはそれで、自分でつくってきた人生の鏡としての人間関係ではないのだろうか。

私は後者の人のあり方を責めているわけではない。そうではなく、どのような人間関係を持つにしろ、あるいは持たないにしろ、その人の現在の人間関係というのは、その人の個性や本人が歩んできた人生を反映しているのではないかと、いっているのだ。

つまり、人それぞれの人生が違うように、人それぞれに自分に合った人間関係の距離の取り方があると思うのだ。

寂しがりやで人となるべく一緒にいたいという人もいれば、一人でいるのが好きだという人や、人と一緒だと気をつかいすぎるために一人でいる時間を大切にしたいという人もいよう。

自分の個性、方向性と、人間関係の距離感がうまく合わないと、そこで悩みが生じることになる。まず、自分のことをわかること、それが人間関係の距離の取り方の基本になるのではなかろうか。

人の気持ちを思いやれる想像力のある人

人から大切にされたい、人にはよく思われたい、人には好かれたい、などと誰しも思っていよう。誰も好んで人から嫌われるわけではあるまい。

もし、自分が人から嫌われているようだと気づいたら、「なぜなのだろうか」と思い悩むことであろう。

だが、そういう場合、よく考えてみると、自分もまたその相手をあまり好いてはいないということが多いのではないだろうか。

異性関係でも、こちらが好意を抱いていない相手に「好きです」などと近づいてこられたら、迷惑な場合もあろうが、まだ好き嫌いの気持ちがはっきりとしていないのならば、好意を持たれれば悪い気はしない。

よほど迷惑な場合以外は、好かれたら、やはり気分がいいし、またこちらも、相手にそれなりに好意を持つのではないだろうか。だからといって、それがそのまま恋愛に発展するとは限らないが。

好きだから相手に近づくといっても、相手の気持ちや状況、迷惑などもまったく考慮せずに、自分の気持ちだけで一方的に走るのはいかがなものであろうか。

そういう人は自分の気持ちだけしか見ておらず、相手のことを斟酌《しんしゃく》する余裕がなくなっているのかもしれない。恋愛というのは、しばしばそうした状況に陥るものであろう。それが情熱のなせるワザともいえよう。

だが、相手からはっきりと拒絶されたら、やはり、そこで自分の態度を振り返るのが当然であろう。そこであきらめる場合もあれば、自分の態度を改めて、もう一度アタックすることもあるかもしれない。その見極めは、自分の相手に対する惚れ込み具合ともかかわるし、またその人が、気の弱いあっさりとした性格なのか、粘り強い性格なのかなど、その性格ともかかわってこよう。

そこで拒絶されて、自分に好意を抱いてくれない相手を恨んだりすることもある。「かわいさ余って憎さ百倍」という言葉があるが、惚れ込みが強いほど、拒絶されたときには強いショックを受け、相手に対する憎しみがつのりがちなものだ。

そこで冷静になれる人は、性格が合わなかったのだ、相手の好みが自分のようなタイプではなかったのだと、あきらめることができるだろう。だが、そこでさらに相手に対する憎しみをつのらせて、時にはストーカー行為にまで走ってしまう人もいる。そういう人は、自分だけ、自分の気持ちだけしか大切にしていないのだ。

もともと、相手のことを好きか嫌いかというのは、自分勝手なものである。相手が先に好意を示してくれたから好きになるということはあろうが、自分の気持ちは自分勝手なものであって、それに応えてくれるかどうかは、相手の気持ち次第と心得ておく必要があるのではなかろうか。

かかわる相手の立場、気持ちというのを、思いやる想像力が必要なのだ。もし、こちらが好意を示しても相手に拒絶されるのが怖いというのであれば、自分の気持ちを相手にうち明けることなどできないであろう。相手が異性でなくても、人とかかわるのを極端に恐れる人には、そういう不安が強くある。

人とかかわるのを極端に恐れると、ひきこもりのようになってしまう。人とかかわれなくなってしまうのだ。これは人とかかわって自分が傷つくことが怖いのである。これも、自分だけが大切だという、「自己チュー」である。

人とかかわれば自分が傷つくことも当然ありうる。そうであっても、人は人とかかわってしか生きていけないのだ。自分がかかわる相手の立場、気持ちを思いやり、想像できるというのは、人間の大切な能力であろう。

周囲の状況をきちんとつかめる人

相手から、自分の今の立場、状況、気持ちなどまで考えてもらっていると思えれば、自分が相手から大切にされていると思うであろう。誰しも、自分が人から大切にされていると思えれば、気分がいいものだ。

たとえば、仕事の電話でよくあるのだが、名前を名乗ると、すぐに用件を切り出す人がいる。電話をするほうは、用件があってかけているのだから、すぐに用件を切り出したいだろうとは思う。

しかし、電話は、相手にとっては突然かかってくることになる。その人は、何か手の離せない仕事の最中かもしれない。食事中なのかもしれない。あるいは、出かけるところなのかもしれない。

電話では、相手の事情はわからないのだから、用件をいう前に「いま、ちょっとよろしいでしょうか」と、はじめに言葉をかけるのは、当然の礼儀であろう。

ないのだろう。

ところが、案外とこの言葉が聞かれないことが多いものである。そういう人は自分の仕事や自分の都合のことで頭が一杯で、相手のことまで思いやることができ

電話での押しつけセールスのように、すぐに電話を切られては困るから、どんどん仕事の話を進めたり、勝手にマニュアル通りにセールストークを展開するような場合は別として、仕事の話はもちろんのこと、友人への電話であっても、ひと言、「今、いいかい？」という言葉を付け加えたいものである。

ささいなことであるが、こうしたひと言を付け加えられるかどうかで、相手の印象は大きく違う。

上司が部下に仕事を命令するときでも、相手の事情を考慮せずに、何がなんでも自分の今の仕事を優先しろというような態度では、部下も反発するだろう。人望のある仕事のできる上司ならば、「急ぎの仕事は何を抱えている？」とたずね、「それなら少し遅れてもかまわないから、この仕事を最優先にしてもらえないか」というように、相手の状況を踏まえて、仕事を命じるのではないだろうか。

ことに仕事となれば、自分が忙しいと周囲が見えなくなりがちだ。そして自分

だけが忙しい思いをしているかのように思いこんでしまう。すると、相手の状況が見えなくなってしまうのだ。それだけに、仕事では周囲の人の状況をよく見て、相手に合わせた対応が必要とされよう。それができる人は、当然、仕事もできるはずであろう。

一緒に仕事をする人も、その人が自分のことをきちんと見てくれていて、わかってくれていると思うだろう。そういう人には、部下も同僚もついてくるだろうし、上司の信頼も得ることができよう。

これは何も仕事の人間関係だけではない。個人的な人間関係でも同じである。いつも自分の気持ちだけで行動したり、自分の都合だけを優先し、押しつけてくるような人とは、つき合いを続けていくのがイヤになるだろう。

自分の事情や自分の気持ちだけにとらわれている人は、周囲の人をきちんと見ようとしないのだ。たしかに時には、イヤなことがあってその気分にとらわれたり、身近に不幸があって悲しみにとらわれていて、周囲の人のことなど見たり思いやったりする余裕のないこともあろう。

だが、ふだん人のことをきちんと見てつき合っている人であれば、そうしたときには、相手のほうがその人の状況を見ていてくれるものだ。

自分のことを後回しにしろといっているのではない。誰でも、まず自分の仕事、自分の気がかり、自分の関心のあることに目がいくのは当然だ。ただ、周囲の人もそれぞれにいろいろな事情を抱えているのだ。

人のことを自分のことのように心配することはできないにしても、周囲の人をきちんと見て思いやることができれば、人もまた自分にそう対応してくれるものであろう。

上機嫌に振る舞える人

アランの『幸福論』の中に、「幸福は気前のいい奴だ」という項目があるが、そこに、次のような文章がある。

「上機嫌というのは実に気前のいい奴なのだ。上機嫌は、何かをもらうというのではなく、むしろ人に与えている。なるほど、われわれは他人の幸福を考えねばならない。その通りだ。しかし、われわれが自分を愛する人たちのためになすことができる最善のことは、自分が幸福になることである」

そこから、アランは、礼儀作法は外見の幸福であって、「外部から内部へのリアクションによってすぐに強く感じられる幸福である」という。すなわち、礼儀正しい振る舞いは、周囲の人の気分をよくさせ、その気分は、また自分に返ってくるということである。

たしかに、いらいらした不機嫌な態度は周囲に伝染し、周囲の人たちを不快にする。誰もそんな人のそばにはいたくないから、みんなその人から離れていくだろう。反対に、いつも礼儀正しく上機嫌な人は、周囲の人の気分をやわらげるだろう。その雰囲気は、当然、当の本人にも返ってくる。

どうも、私たちは、こんな身近な気分の法則をしばしば忘れてしまっていないだろうか。あなたの身近に人望のある人がいたら、その人の態度をよく観察してみたらどうだろう。

たぶん、その人はまったくといっていいほど、不機嫌な態度を人に見せることなどないのではないか。それどころか、何か楽しいことがあれば、その楽しさを周囲の人たちに素直に表現しているはずだ。

不機嫌が周囲に伝染するように、上機嫌な気分も楽しい気分も周囲に伝染していくものだ。

まずは、日常つねに接する周囲の人に対して、上機嫌な態度を心がけたらいかがであろうか。疲れていようが、多少イヤなことがあろうが、上機嫌を心がける。周囲の雰囲気はやわらいで、その雰囲気が、疲れやイヤなことを忘れさせてくれるであろう。

おしゃれは簡単な気分転換

意外に忘れられているのは、外見から入ることによって、気分は変えることができるということだ。

たとえば、気分がふさいでいるときに、今日は、ちょっとおしゃれをしてみようと、とっておきの服を着て、いつもはもったいなくてしないようなアクセサリーを身につけたら、気分は少し変わるであろう。どうせ通勤の満員電車でくちゃくちゃになるからと、普段の通勤着では、気分はいっこうによくならない。

女性は、髪型を変えて気分転換をはかったり、身につけるものやアクセサリーなどで、自分の気分を引き立てるのがうまい。男性でも、着るものなどで気分転換をはかる人はいるであろう。

普通は、楽しいことがあったり、何か華やかな席に出る場合に、おしゃれをする。しかし、逆にイヤなことがあったら、自分の気分を引き立てるために、おしゃれをするというのもいいではないか。

人間は気分の動物ともいえるほど、その時々の気分に左右されがちだ。だが、気分がそのまま外に表れているとしたら、いつもいつも上機嫌というわけにはいくまい。

逆に、上機嫌を装うことで、気分がよくなるということがあるのだ。おしゃれをしたり、髪型を変えたりするのも、ある意味で上機嫌を装うことの一種といえないこともなかろう。

私がユーモアを日常忘れないように心がけていることもそうだ。生活の中に笑いがあれば、イヤなことも紛れる。それを「何もおもしろいことなどないのに、笑えるか」などと目くじらを立てて、まじめ一方に深刻な顔ばかりしていては、楽しいことも遠ざかってしまう。

人生には、自分の思い通りにならないこと、不愉快になることは、いくらでもあろう。

そうしたイヤなことを忘れる第一歩は、周囲に自分の不愉快な気分をまき散らさないことである。そうはいっても無理に抑えるのは、なかなかむずかしい。

そこで、自分なりに気分転換し、気分を引き立てる何らかの方法を持つことである。スポーツクラブに行って運動をしたり、好きな音楽を聴くのもいいだろう。楽器の練習をするのもよかろう。何でもいいから趣味を持ったほうがいいのは、趣味の世界に没頭することで気分転換できるからだ。

だが、もっとも簡単にできるのは、ちょっとおしゃれを心がけることだ。自分の外見の装いを少し変えることで、自分の気分もよくなれば、周囲も楽しくなるではないか。

喜びを素直に表せる人

女性同士でスペインのツアーに参加した二人に、帰国してから旅行の感想を聞いた。Xさんの話はこうであった。

「スペイン料理って、もっとおいしいかと期待していたんだけど、ツアーが悪かったのか、食事がまずかったわ。教会の建物なんか、イタリアに比べて、何か洗練されていないの。それにガウディの建築って、やっぱり何かグロテスクだしね。アルハンブラの宮殿て、どんなにすばらしいかと思っていたら、案外とちゃちなのよね。スペイン全体が田舎くさくて、いま一つの印象ね。やっぱりイタリアのほうがよかったわ」

それでは、彼女がイタリアから帰ってきたときには、どういっていたかといえば、こうだった。

「料理はそこそこだったけど、日本で食べるイタリア料理のほうがおいしいわよ。

ローマなんてごみごみしていて、東京のほうがずっと都会。ベニスのゴンドラはおもしろかったけど、水が汚くて臭いのよね。映画なんかで見ると、ロマンチックなんだけど、案外だったわ」

彼女はどこに行っても、こんなふうだ。一方、彼女の友人のYさんの話はどうだろう。

「やっぱりガウディの聖家族教会は、ユニークでよかったわ。教会も昔のイスラム教のモスクをつくり直しているから、イスラム風とキリスト教風、一緒に見れて、おもしろかった。アルハンブラ宮殿って意外とこぢんまりしてかわいい建物なのよね。小高いところに建っていて、周囲の牧歌的な風景も印象的だった。それに時間があったからピカソ美術館に少し寄れたんだけど、私、絵に興味あまりなかったけど、やっぱりピカソって迫力あるのね。スペインってヨーロッパの中で田舎というイメージなのかもしれないけど、イスラム文化とキリスト教文化が混ざり合っていて、一種独特な雰囲気があるのね」

どうだろうか。あなたの身近にもどちらのタイプの人もいるのではないだろうか。前者のXさんのように、その欠点ばかりを見て、それに不満ばかりいう人、後者のYさんのように、いいところ、感動したところを嬉々として話す人である。

たぶん、Xさんにもよかったと思ったところもあったのであろう。ところが、彼女にとっては、まず、否定的な部分が目立ってしまうのだ。

あなたなら、どちらの話を聞きたいであろうか。やはり、後者のYさんのような、楽しい話、すばらしいと思ったことを聞きたいであろう。

Xさんのような人は、せっかく貴重な体験をしたにもかかわらず、ケチばかりつけて、そのよさを十分に楽しんでいないのではないか。Yさんは、そのすばらしさを十分に味わい、感動し、しかも、その喜びを素直に表せる人だ。

どちらが日々を楽しく充実して過ごしているかは、明白であろう。そして、楽しめる人のそばには、自然に人が集まってこようというものではないか。

気持ちのとらわれから離れてみる

自分の気持ち、感情をどう整理していくか、これがもっとも大切なことだろう。自分が快く生活していくうえでも、人と円滑な関係を築いていくうえでも、である。

人間関係は、まさにいろいろと煩わしいことも多い。しかし、それ以上に人とかかわることでの喜びも多いのではないだろうか。

先年、カリブ海クルーズに出かけたときのことだ。ニューヨークに戻るために、あわてて飛行機に乗ったときに、私たちの席にすでに巨大な黒人の夫婦らしき男女が座っていた。私たちがいくら抗議しても、「搭乗券を見せろ」といっても、「捨ててしまった」などといって、一向に席を立つ気配がない。

機長が出てきて、その客に「搭乗券を拝見します」と丁重にいっても、やはり破り捨ててしまったと繰り返すだけである。

このゴタゴタのお陰で飛行機は出発することもできない。そんなトラブルを見て、スチュワーデスが後方に空いた席を探してくれた。

こんなトラブルは、まず日本では考えられないであろう。「なぜ正当な搭乗券を持っている私たちが席を移動しなければならないのか」と、私は内心おだやかではなかったが、仕方なく空いている席に座った。

たしかに出発間際に飛び込んだ私たちにも少しは非があろう。私も隣の席が空いていたら、書類などを置くかもしれない。しかし、それは飛行機のドアが閉まって、乗客がもうやって来ないのを確かめてからにする。やはり、がんとして、席を替わろうとしない彼らが悪い、そう思うとムラムラと腹が立ってきた。

だが、飛び立った飛行機の中で、ビールでのどを潤すと、少し気分が落ち着いてきた。まだ腹は立ってはいるものの、どうして彼らはそんな態度をとるのだろうかと考えてみた。

彼らが強面《こわもて》の態度をとるのは、彼らがそれまでの人生をそんなふうに自己防衛的な態度をとらなくてはならない厳しい状況のもとで暮らしてきたからかもしれないとも思えてきた。そう考えると、少しずつ怒りがおさまって、彼らが哀れな人間に思え、同情心すら湧いてきた。

古代ローマのストア哲学者のセネカは怒りについてこんなことをいっている。

「徳は、怒りそれ自体を矯正すべきものと考える。怒りは何に比べてもよいものではないし、時には怒りを起こさせる相手の過失以上に悪いことさえよくあるからである。喜び楽しむことが徳の徳たるゆえんであり、自然なことである」

怒りの感情をコントロールするのは、たしかにむずかしい。しかし、その感情に流されてしまうと、自分の気分をさらに不愉快なものにし、周囲との関係をさらに悪くすることにしかならないのではないか。まさに、こちらを怒らせた当の相手よりも、怒っているこちらのほうが周囲にもっと害悪をまき散らす悪い存在になってしまうかもしれない。

それだけに、自分の感情をいかにコントロールすればいいかというのは人間にとって、永遠の課題であろう。だからこそ、さまざまな思想家、哲学者などが、人間の感情について、いろいろなことを考察し、言及しているのだろう。

十七世紀フランスのモラリストであるラ＝ロシュフコーの『箴言集《しんげんしゅう》』の中に、

「知《エスプリ》は情《クール》にいつもしてやられる」

という言葉がある。

人間というのは、どのように知的に振る舞おうとしても、その時々の感情に動かされてしまいがちなものだということであろう。

一度、怒りなど激しい感情にとらわれると、それを鎮めるのはなかなかに大変だ。それだけに、われわれは日々、自分の感情と心してつき合わなくてはならないのだろう。

座席を替わろうとしない相手のことをふと思いやったとき、私の感情は怒りから解放された。そんなふうに、自分の気持ち、感情を整理するためには、一度そのとらわれから離れてみることなのだろうと思うが、いかがであろうか。

第6章

イヤな人とつき合わなければいけないとき

—タイプ別イヤな人とのつき合い方—

イヤな相手だからこそ、よく研究してみる

私は、どのような人であっても、周囲のみんなからイヤがられるような人というのは、まず少ないと考えている。もちろん、人によって、どういうタイプの人を好ましいと感じるか、イヤだと感じるかというのはある。

そういうと、それでも世の中には誰からも避けられたり、嫌われたりする人がいるのではないか、という反論もあるだろう。多くの人たちからイヤがられるタイプというのは、たしかにある。

だが、職場では嫌われたり、迷惑がられている人であっても、恋人がいたり、家庭を持っていたり、あるいは親しい友だちがいるということもあろう。

つまり、たとえ会社ではイヤな人で通っていても、プライベートのつき合いでは、その人のことを「いい人」と思っている人たちがいるということである。

私はヘビが嫌いである。たいていの人にとってはヘビは気持ち悪いし、苦手だ

ろう。しかし、最近は爬虫類をペットにする人も多い。そんな人たちは私にはとうてい理解しがたいが、世の中には、実際、ヘビをペットにしてかわいがっている人もいるのである。

とはいっても、どうしても私がヘビとつき合わなければならなくなったら、私はヘビについて徹底的に研究する。ヘビに関する本を読むのはもちろん、ヘビ好きな人に、なぜヘビが好きなのかを聞いてみる。そのことは、ヘビの長所を理解するのに、大いに役立つことだろう。

だからといって、私がヘビを好きになるということはないだろうが、少なくとも、ヘビの習性を理解することによって、食わず嫌いのように何がなんでも恐れたり、嫌ったりすることからは逃れることができるだろう。

「彼を知り己を知れば百戦殆《あや》うからず」といわれるように、まず、敵を知ることはとても大切なことだ。

ところが、イヤだ、嫌いだとなると、人はなるべくその相手のことを無視したり、考えようとしなくなる。それでは、ただ「イヤだ、嫌いだ」で、よけいに溝が深くなるばかりだろう。

人から好かれない性格も変えられる

自分と合わないからといって、その相手がみんなと合わないわけではないと、先ほどいった。そして、どんなに周囲から嫌われている人であっても、誰からもイヤがられている人は少ないともいった。それでも、なかには人間関係がすべてうまくいかない、みんなから避けられてしまうという人もいる。

職場だけでなく、プライベートの人間関係においてもうまくいっていない人というのは、プライベートのつき合いや家庭では、いったいどうなのだろう。

そういう人は、家庭でも、妻（あるいは夫）とうまくいっておらず、離婚寸前だったり、あるいは、夫婦といっても名目だけで、もはや崩壊家庭ということもあるかもしれない。また、友人と呼べるようなつき合いなどもないのであろう。

そんなふうに、みんなからイヤがられている人は、さぞかし孤独なことだろうと想像される。それでも本人がそのことに気がついていないのであれば、それはそれで仕方ないし、本人が孤独だと感じることもなかろう。

しかし、はじめはその人のことがよくわからずにつき合ってくれていた人が一人去り、二人去りというように、だんだんと相手にされなくなり、さらには、家庭でも妻（夫）や子どもたちから避けられたり、遠ざけられたりしていけば、本人も、「なぜ、自分はこんなに人から避けられるのだろうか」と気がつくのではないだろうか。

若いうちは、積極的に外に出て、次々と新しい人間関係ができるということもあろう。そのため、以前の人間関係が壊れても、それほど気にしないですむ。

しかし、だんだんと年齢を重ねていって、ふと自分の周囲を見渡すと、ほとんど昔の友人関係が続いていない、あるいは、家族との関係もうまくいっていないと、はたと気がつく。

このときに、「なぜなのか」と思いいたるかどうかが、この人が自分を変えていけるかどうかの分かれ道である。たいていの場合、問題があるのはその人の性格ではないだろうか。その性格がその人の態度や生活に反映しているものだ。

持って生まれた性格はたしかに変えにくいものではあるが、自分次第で、人に対する態度を改めることによって、少しずつでも変えていくことができるものである。
まず、自分の性格の問題点に気がつくことが第一歩なのだ。

自己顕示性の強い人とのつき合い方

みんなから避けられたり、イヤがられる人のタイプはある程度共通している。私は性格の分類としてクレッチマーの性格分類を私流にアレンジしている。これは、しばしば紹介しているから、ご存知の方も多いと思うが、ここで一応簡単に説明しておこう。

内向的で表面の言動からその人の内面がわかりにくい「内閉性性格」、社交的で同調的な「同調性性格」、凝り性で執念深い「粘着性性格」、うぬぼれが強く自己中心的な「自己顕示性性格」、責任感が強く、くよくよと悩みやすい「神経質性格」の五つである。

クレッチマーの性格分類は古典的ではあるが、人間の代表的な性格傾向を典型的に分類しているのでわかりやすく、今でも通用するといえよう。

人がこの五つの性格にきちんと分けられるというのではなく、一人の中にこの五つの性格傾向が同居し、とりわけ強い要素によって、その人の性格の特徴が出てくる。私の場合は、五つの性格傾向が比較的バランスよく混ざっていると自分では思っているが、なかでも同調性と粘着性が少々強い。

問題なのは、一つの性格傾向に偏りが強い場合だ。この五つの性格分類で、とりわけ周囲の人たちから嫌われたり、避けられたりする問題の大きい性格は、自己顕示性性格であろう。

自己顕示性性格はクレッチマーのヒステリー性格を言い換えたものである。派手好きで、何か人にいわれるとその気になりやすい、自分の力につり合わないことを望む、人をうらやんだり、ねたんだり、口惜しがったりするなどの傾向がある。

最近、米国精神医学会の診断基準の中で、性格の病理を規定した「人格障害」が注目されている。精神鑑定などで使われることもあるので、一般の人もかなり目にするようになっているだろう。この中に、「演技性人格障害」というのがあるが、これはクレッチマーのヒステリー性格がもとになっているようで、その点で自己顕示性性格の特徴と共通する。

人格障害に分類されるようだと、もはや病気といえる。しかし、そこまでいかないとしても、自己顕示性の強い人は、周囲の人たちとトラブルを起こしやすい。つねに目立つのが好きで、「自分が、自分が」という態度が出てしまうからである。それでいて、自分が注目されないと耐えられないのだ。そのために、自分の思い通りにならないようなことがあると、突然怒りはじめたり、ヒステリーのような症状を起こすことがある。

このような人が身近にいたら、それはなかなか大変なことだ。いくら相手が自己顕示性性格の人だろうと想像がついたとしても、そのような相手とつき合わざるをえないとなれば、こちらのストレスはたまるばかりだ。

しかし、相手の性格傾向を理解した上でつき合うのと、そうでないのとでは、やはり大きな相違がある。相手がいつでも目立ちたいといった人ならば、多少持ち上げてやり、その目立ちたがりな面を満足させてやれば、相手はそれでいい気持ちになっているものだ。

とはいえ、仕事上のことで、どうしてもそうはいかないこともあるかもしれない。そのときは、やはりきちんというべきことはいうしかない。しかしそのときには、相手が感情を爆発させることもある、と覚悟を決めておいたほうがいい。

ことほどさように、自己顕示性性格の人とつき合うのは疲れるものである。ただし、一応社会人としてなんとかやっているような人であれば、人格障害という段階まではいっていないだろう。

そうであれば、誰でも「自分こそ」という自己顕示性はほどほどにあるものだと心得て、そういう傾向の強い人に対しては、なるべく距離をおく。どうしてもかかわらなくてはならないときには、うまくおだてて相手の自尊心を傷つけないようにつき合うことであろう。

極端な「自己チュー人間」からは離れるしかない

「自己チュー」とは、いわゆる自己中心的な人のことをいう。

誰でも自分が一番かわいい、大切だ。当然、自己中心的な傾向は誰でもが持っているといっていい。

しかし一般には、子どもから大人になっていく過程で、いろいろな人とかかわっていくなかで、自己中心的にばかり振る舞っていられなくなるから、自己中心性を少しずつ修正していく。また、そうしなければ人間関係をうまくやっていくことなどできない。

ところが、どうも自己中心性が修正されないまま社会に出て、そのままのスタイルを押し通そうとする人たちが多くなっているのだ。

ことに子どもの数が少なくなった今、親は一人の子どもに手間ひま、お金をかけて育てる傾向が強い。そうした少子化の時代、両親からかわいがられ、甘やかされて育ってくると、幼児的な自己中心性が修正されないまま大人になっていくこともある。体は大人であるが、心は、なんでも自分の思い通りにできると思っているような、子どものままの人たちが増えているのだ。

人格障害の中に「自己愛性人格障害」というのがある。自分は特別な人間だと思っている、自分の目的のために他人を平気で利用する、共感性に欠けている、尊大で傲慢、などという特徴があり、まさに病的な「自己チュー人間」である。こういう性格なども、私の分類での自己顕示性性格の一種ととらえていいだろう。

この自己愛性人格障害のように、自己中心性が病的に強いと、周囲と摩擦を起こして、学校でクラスメートからいじめられたり、自尊心が傷つくのを恐れて家にひきこもったりといった問題が生じることもある。

また、なんとか社会に出たとしても、そこで人間関係のトラブルなどを起こして、自らうつ病になったりというように、どこかで挫折を体験することになる。

しかし、病的な性格とまではいかなくても、自己愛性人格障害に近いような人たちが若い人たちを中心に増えているようである。

そうした「自己チュー人間」が周囲にいた場合、どうしたらいいのだろうか。

まず、あまりにもその自己中心性が極端であれば、周囲の人間みんなにイヤがられ、そういう人は「みんなが見る目がないから、自分の力を認めてくれない」といった不満で離れていったりすることになろう。

しかし、そこそこ能力があり、そういう「自己チュー人間」が上司だったりすると、これはなかなかに大変だ。

企業などでは、上にいくほど、能力はもちろん人間関係もバランスがとれ、人格が成熟した人が多いものだが、たとえば小さなワンマン企業や学者の世界など閉鎖的な集団などでは、そういう人が上にいたりすることがある。

こういう人が上に立っているような組織で、自分を抑えてその人とつき合わなければならない立場にいたら、これはまずストレスがたまるばかりである。そういうときには、その人から逃げるしか手はない。職場を替えてもらう。それができないなら、転職するしかない。

それはもちろん最後の手段とはいえ、世の中には、ごくまれであっても、どうしてもこんな人とはつき合いきれないという人もいるものだ。そんなときは、仕方ない、その人から離れるしかない。

粘着性性格の人には合わせすぎないほうがいい

ある会社に勤めるFさんの上司は、何ごとも自分の段取り通りにことが進まないと不機嫌になる。たとえば、上司がFさんにつくるように指示しておいた会議用の資料が、時間通りにできていないと大声で怒鳴られたことがある。

Fさんとしては、急ぎの仕事があったので、会議までに間に合えばいいと、資料づくりよりも、それを優先していたのだ。

上司としては、彼なりの考えがあって、会議の数時間前に資料をつくらせて、自分で一応目を通しておきたかったのだ。この場合、上司の指示した締め切りに間に合わせなかったFさんのほうに非があるといえよう。

しかし、その上司の指示はつねに細かく、なんでも自分のいう通りにできてこないと、不機嫌になる。とにかく、すべてにおいて細かく几帳面で頑ななのだ。だから、締め切りを守らないとなると、まさにとんでもないということになる。

Fさんにとっては、この上司は、何ごとにも細かくて、どんなささいな仕事であっても、まるで重箱の隅をつついて文句ばかりいっているように思えるほどだ。たしかに、このような上司とつき合うのは、つねに神経を張りつめていなければやっていられないだろう。だから、この上司の下で働いていると、みんなストレスで、多かれ少なかれ心身の不調を訴えるようになるほどだ。

この上司の場合は、自分に対しても要求水準が高く厳格なだけに、能力も高く部下も多少不平不満をもらしながらも、従わざるをえない。

この上司の性格は粘着性性格であろう。このように、粘着性性格の傾向が強い人は、几帳面でだらしのないことが嫌い、ものごとに凝る、礼儀正しいが、窮屈で頑なだといった特徴がある。こうした上司を持ってしまったら、なかなか大変である。周囲も大変であるが、本人もまた大変なのだ。

こういう人に対しては、ある程度、相手に合わせなければならないが、それは重要なことに関してであって、どうでもいいようなことは、多少気を抜きながら、相手を気楽にするようなユーモアを交えて、多少おおざっぱでもおおらかに接したほうが相手も気楽になるということもあろう。

自分の都合だけの人には、きっぱりということが必要

「自己チュー人間」ではないが、一般的に周囲の多くからイヤなやつと思われている人の特徴は、身勝手だということだろう。自分には甘く、人には厳しくて要求水準が高い。それでいて、自分の見方、考え方が正しいと思い込んでいるような人である。

誰でも少なからず自分が正しく、人のほうが間違っていると思いがちである。それはそれで仕方ないことではあるが、人に自分の考えややり方を押し付けるのが問題なのだ。そして、相手がそのように動いてくれないと、腹を立てる。

自分の都合を一方的に押しつけてきて、それを通そうとされたら、誰でも迷惑であろう。人には人の考え、都合というものがある。

そうした人と組んで仕事をしなければならないとなると、これはとても疲れるものだ。

Gさんは、自分が誰かに伝えなければいけないこと、あるいは、何かのアイデアを思いつくと、相手の都合などおかまいなしに、夜中でも電話をする。電話を受けたほうは、もう休んでいる時間である。しかし、まるで緊急の用事であるかのように夢中になって話す。Gさんは、自分の考えに夢中になると、相手の都合など見えなくなってしまうのだ。

これはGさんにとっての緊急の用件ではあるのだろう。だが、ちょっと冷静に考えてみれば、翌朝会社で会ったときに伝えれば十分に間に合うようなことなのだ。ところが、ふと思いつくと、Gさんはもう明日まで待っていられない。相手がすでに眠っているだろうということに、考えが及ばない。Gさんには、周囲の状況が冷静に見えていないのだ。

たしかにGさんはアイデアマンである。次から次へと、いろいろなことを思いついては、同僚や部下に指示を出す。ところが、その指示を変えるのも早いのだ。Gさんはまさに朝令暮改の見本のような人だ。本人に悪気はないが、そのお陰で周囲は振り回されっぱなしである。

こんなふうに自分の都合だけしか見えずに周囲の人たちを振り回す人がいる。

こういう人に対しては、時に自分には自分の都合があり、自分なりの考えがあるということをはっきりという必要がある。そういわれて、はじめて気がつく人もいるのである。

威張る人とどうつき合うか

威張る人というのも、周囲の人たちから敬遠される。だが、威張っている人が実際に実力があったり、地位があれば、周囲の人たちも認めざるをえない。

そして、仕事の上で威張る人とつき合うことが必要ならば、相手に満足してもらうように振る舞うしかないであろう。たとえば、その威張る人がお得意さんであったり、上司であったりすれば、そうせざるをえない。

そんな相手をイヤなやつと思いながらつき合っていくのは、ほんとうに疲れることである。つき合わないですむのなら、そうしたいであろう。

それでもそうできないのならば、相手を変えることはできないのだから、少し相手を見る視点を変えてみたらどうだろうか。つまり、相手をよく観察してみるのだ。

威張っている人にも、二種類ある。第一は、本当は自分に実力がないとうすうすわかっているので、ことさら地位をひけらかして威張っているタイプの人である。つまり、自信がないのだ。だから、ことさら権威的になったり、居丈高になったりする。

第二のタイプは、本当に自分の力に自信があり、また、それまでそうやって世の中を渡ってきて、周囲の人たちがみんな頭を下げ、その人を持ち上げるので、威張った態度が身についてしまっている人である。

一般的に、威張っている人には前者のタイプが多い。このようなタイプの人の中には、本当は自分に自信がないだけに、猜疑心が強い人が多い。だからこそ、自分に絶対服従するようなイエスマンを周囲におきたがる。少しでも逆らうような態度を示す人たちは、遠ざけ、冷遇する。

こういう人の周りには、結局は優秀な人たちは集まらない。それどころか、その人と違った意見をいっただけで、「おれに逆らうのか」と受け取られ、遠ざけられてしまう。結局、力のないイエスマンだけに取り囲まれ、つねにおだてられ、いい気持ちになっていないと、いられない人なのだ。

一方、実際に実力があり、態度も大きくなり、威張っているタイプの人は、周囲の人を力でねじふせようとするところがある。

しかし、こういう人は、やはりいくら実力があっても、反感を抱く人、すなわち多くの敵をつくるものだ。こういう人は、ちょっとした失敗で足を引っ張られて、転んでしまうことにもなりかねない。そうなると、誰も助けてくれないのだ。

威張る人たちは、その人に従ったり、お追従をいう多くの人たちに囲まれていて、一見すると、まるで人望があるかのように思われるかもしれない。しかし、そういう人が本当に困ったときには、助けてくれるような人は誰もいないのである。その意味では、本当は孤独な人なのだ。

そのように、威張る人たちをよくよく観察してみると、彼らは、力や地位がある間は、それに従う人たちがいるが、もし、それがなくなったときには、誰からも見向きされないことになる。

いずれにしろ、威張る人、態度が大きい人というのは、その実力いかんにかかわらず、周囲の人たちの反感を買うことになる。もちろん、なかには威張り続けて一生を送ることができる幸運な人もいるかもしれない。だがそういう人はごく稀ではないだろうか。

どうだろう、威張っている人をよく観察してみると、その人たちが気の毒に思えてこないだろうか。そう思えれば、気持ちの余裕も生まれてくるのではないか。しょせん、この人は威張っていても、寂しい人だと思えば、威張れるときには、威張らせておいてあげればいい、といった寛大な気持ちでつき合うこともできよう。

猜疑心の強い人とどうつき合うか

猜疑心の強い人が身近にいると、これも大変である。たとえば、奥さんが猜疑心が強い人なら、ちょっと帰宅が遅くなると、浮気をしているのではないかなどと、あらぬ疑いをかけられるかもしれない。

だいたい猜疑心の強い人は、嫉妬深いものである。そうではないかと疑いはじめると、自分の中でその考えが一人歩きしてしまい、どんどん膨らんでいく。周囲の人たちみんなが自分の悪口をいっているのではないかと疑いはじめると、それが本当のことのように思えてきて、そのことが頭を離れなくなってしまう。そして、一つひとつの事実に、「ああ、やっぱりそうだ」と、それに当てはまるように当てはまるようにと解釈するようになってしまう。

一つの見方で事実を解釈していけば、そうとらえられないこともない。そして、自分が侮辱され傷つけられていると思い込んで、相手を深く恨んだりする。

同じ職場などにこういう人がいると、いちいち自分のことを何かいっているのではないかと、ちょっとしたことにも神経質になる。人格障害の中に、「妄想性人格障害」というのがあるが、まさにこういうタイプである。

このように病理的な性格に至らないまでも、ちょっと被害妄想的な人というのはいるものである。猜疑心が強く、傷つきやすく、そして傷つけられたと思い込むと、深く恨みを抱く。

気がつかないうちにこういう人の恨みを買っていることなど、意外にあるものだ。できることなら、こういうタイプの人とは、かかわらないですめばかかわらないほうがいい。プライベートの関係であれば、極力そうすることだ。

しかし、そうはいかないのなら、距離をとるしかない。相手の猜疑心の枠内に入らないように心がけることである。

そういう人とつき合わざるをえないのであれば、相手を刺激しないようにするしかない。たとえば、相手よりも自分のほうが仕事ができるということですら、相手に嫉妬されることがあるのだから、たまらない。そういう猜疑心が強く嫉妬心の強い人が、それなりにエネルギーのある人である場合、思わぬところで恨みを買っていて、どこかで足を引っ張られることもある。

昔のちょっとしたことを覚えていて、とんでもないときに、その仕返しをされたりすることもある。仕返しをされたほうは、そんな昔のささいなことなど覚えていないので、なぜ自分がその人に恨まれているのか、わからないであろう。

ある奥さんは、年をとって、夫の体が不自由になって、その世話をしなければならなくなったときに、さまざまなかたちで夫に対して、いじめのようなことをした。昔、夫がさんざん浮気をして苦労させられてきたからである。その奥さんは、その場では夫の浮気に耐えてきた。しかし、耐えてきたからこそ、その恨みは大きくなったといえるのかもしれない。夫のほうは、そんな奥さんの気持ちなど忖度《そんたく》せずに、自分に従順に従っていると思い、好き勝手をやってきたのだろう。

これなど、まだ理由ははっきりしているが、夫のほうは、その場で文句をいわれなかったから、奥さんはなんとも思っていないと信じ込んでいたのだろう。しかし、相手はそうではなかったのだ。

このように、後でとんでもないしっぺ返しをされることだってある。相手の性格をきちんと見抜かなければ、とんでもないことになりかねないのだ。

目先の損得だけにとらわれない

人間関係というのは、あまり短時間でとらえないほうがいい。少し長い目で見る視点が必要なのだ。

たとえば、今は迷惑をかけられることのほうが多いかもしれない相手であっても、そういう相手がいつか自分を助けてくれることもあるかもしれない。

いや、そんな損得を考えていたら、人間関係は広がりを持たないものかもしれない。自分も誰かに迷惑をかけたりしながら、それを別の誰かから補ってもらっているのではないか。

つまり、迷惑をかけられた当の相手から直接に助けてもらうことはないかもしれないが、自分も誰かに迷惑をかけて助けてもらっているのではないか。

たとえば、ある人と会うと、こちらがおごってばかりいるとしても、別の人には、つねにご馳走になっているという関係があるだろう。一方は自分がしてやるばかりかもしれないが、他方は自分がしてもらうばかりというようなことだ。

もっともいい例は親子関係だろう。

親は子どもがいくつになっても、子どものことが心配だ。親はできる限りのことを子どもにしてやるものだろう。最近は子どもが学校を出て働くようになっても、親が食事の世話から洗濯までやってやり、経済的にも援助している家庭が多い。さらに結婚してからさえも、さまざまなかたちで援助している。

その善し悪しは別としても、親は一方的に子どもに尽くすものだろう。別に子どもからの見返りを考えて子育てをし、子どもの面倒を見ているわけではない。多少なりとも子どもが親孝行などすれば、それは親にとってまさに大きな喜びだろう。

そして、子どもは独立して家庭を持ち自分が親になってみてはじめて、親が自分にどれだけのことをしてくれたのか、いかに大変だったのかがわかるようになろう。自分も親として子どもにできるだけのことをする。そのようにして後の世代に受け継がれていく。

つまり、親にしてもらったことを子どもにしてやる。人間関係もまた、そういう面があるのではないか。

人からしてもらって、その人に返せないことを他の人を助けることで返している。そう考えてみれば、人間関係はギブ・アンド・テイクが基本とはいえ、そのつど帳尻を合わせるというものでもない。

回り回って人に助けてもらったり、こちらが別の人を援助したりしている。世の中の人間関係とはそうしたものではないだろうか。

「こんなにしてあげたのに」と不満をいう人

誰でも、自分に親切にしてくれる人、利益をもたらしてくれる人、よくしてくれる人とだけつき合いたいものである。

それはそうだ。会えば必ず嫌みをいう人、いつも何か頼みごとばかりされたり、迷惑をかけられたり、何らかの不利益を被《こうむ》らされる人とは、できるだけつき合うのは遠慮したいものだろう。仕事関係で会う必要がなければ、そういう人とはやはりだんだん疎遠になっていくだろう。

とはいえ、普通のつき合いであれば、相手がこちらに何か頼むこともあれば、こちらが相手に頼むこともある。迷惑をかけられることもあれば、知らぬ間にこちらが相手に迷惑をかけているということもある。それが人間関係というものだろう。

あまり自分ばかりが被害にあっていると思うのも、いかがなものだろうか。幼い子どもを持つ母親など、子どもの世話に追われて、忙しい思いをして、たしかに大変であろう。それが高じて、自分のやりたいことが何もできないとストレスもたまっていき、育児ノイローゼになってしまったり、子どもをたたいたりして、幼児虐待のようなところまでいってしまうこともある。

しかし、ここでよく考えてもらいたい。親は子どもの世話をすることで、大きな喜びが得られる。だからこそ、親は手のかかる子どもを育てていくことができるのである。

人間関係は子どもを世話するようにはいかないかもしれない。しかし、世の中には、子どものようにわがままな人も多くいる。

もちろん、自分はその人の親ではない。だが、時には、まるで親のように世話をしなくてはならないこともあるかもしれない。いい年をした一人前の大人なのに、と思うかもしれない。腹も立とう。

だが、ちょっと余裕を持って相手を見てみたらどうだろうか。むろん、親のように相手の世話をしなさいというわけではない。相手がどうしても助けが必要で、自分がその助力をしてあげられるのなら、ちょっと手を貸してもいいのではないだろうか。

それが回り回って、自分に返ってくることもあろう。「情けは人のためならず」という諺《ことわざ》もある。人に情けを施すことは、相手のためではなく、回り回って自分に返ってくるのだから、自分のためだというのだ。

むろん、お返しを期待して何かをしてやるわけではない。しかし、人に何かをしてあげることは、自分のためでもあるのだ。まず、何よりも、自分も気分がいいではないか。

よく「私は人のためにこんなにしてあげているのに、何もお返しなどない」といった不満をいう人がいる。「あなたは、お返しを期待してやってあげるのですか」と聞くと、「そうではないけど」とはいうのだが、相手が自分のしたことに応えてくれないことが不満で仕方ないのだろう。

自分がその相手のために何かをしたということだけで満足できないのだろうか。そうはいっても、なかなか人間はそれほどできたものではない。やはり、どこかで、「こんなにしてあげたのに、なんて恩知らずなんだ」と思ってしまうものなのだろう。

自分が何かをしてあげることで、優位な立場に立つのが好きなのだと自覚できれば、自分の対応もまた違ってくるのではないか。見返りを期待しないですることができれば、その人はそれだけで、人間として、すばらしい財産を持つことができるのではないかと思うが、いかがであろう。

自分を特別だと思わないこと

人とつき合う基本は、自分を特別だと思わないことである。人は誰しもうぬぼれがあるし、自分が特別扱いされたいものだ。丁重に扱われれば、自尊心は満足する。しかし、一方で粗略に扱われたり、無視されたりすれば腹も立つ。

商談などで上司のお供をして行った先で、相手は上司にばかりに話しかけ、自分は無視されるというようなこともあろう。上司のほうが権限があり、責任があるのだから、相手の反応は当然である。それでも細かいことは自分のほうが知っているのだから、こちらにたずねてほしいと思う。

そんなとき、気の利いた上司なら、「斎藤君、これはどうなっているのかな?」などと、部下に水を向けて、さりげなく出番を演出してくれる。そんな上司に恵まれていればいいが、そこまで気を利かせてくれる人は少ないものだ。

だが、そんなことで自尊心が傷つけられたと思ってはつまらない。そんなときは、二人の話の成り行きに注意しながら、ここは自分が説明したほうがよさそうだというときにだけ、うまく口を挟めばいい。自分から、しゃしゃり出るのはかえって逆効果というものだろう。

あなたがそれなりに責任のある地位につけば別であるが、まだ若いときには、そんなふうに商談で無視されたり、あるいはパーティなどで、軽く見られていると思うような場面を経験することだろう。

人は、その地位や名声に頭を下げるということも多いのだ。だからといって、それは理不尽なことではない。それはそれで仕方のないものだろう。ことに仕事の場では、そういう体験を積み重ねて、だんだんと一人前になっていく。

そしてそういう体験をして、あなたが立てられる立場になったら、若い人を立ててあげればいいのではないか。自分も無視されてきたから、若いうちはそんな苦労も必要だとするよりも、ちょっと若い人に話を向けて、「このことについては、彼がとても詳しいのですよ」などと、立ててあげる。

まず自分の中にも、自分が特別に見られたいという気持ちがあることに気がつくことだ。そして相手にもそういう気持ちがあるとわかってあげよう。

特別扱いされることを求めると、人は離れていく

自分が特別扱いされることを求める人に限って、人を人とも思わないような態度をとるものだ。これは、自分〝だけ〟が特別だと思いこんでいるからだろう。

一人っ子で家で大切に育てられ、小さい頃から塾や稽古ごとで忙しく近所の子どもたちとも遊ばずに育つ子どもたちが多くなっている。そういう子どもたちは、進学競争に明け暮れ、友だちといっても、表面的なつき合いしかせずに、お互いに本音を出し合うなどといった深いつき合いを体験することも少ない。

自分の自尊心が傷つくのをひどく恐れるのだ。そうして、幼児的な自己愛を持ったまま、社会に出てしまう若い人たちが多くなっている。

しかし、多くの人たちはどこかで挫折を体験し、自尊心の傷つきを体験することによって、大人になるにつれて、自分は思っていたほどの力はないのだと気づく。自分だけが特別なのだというような幼児的な自己愛が少しずつ修正され、ほ

かの人にもみなそうした「自分だけが」といった特別な思いこみがあるのだとわかるようになる。そこで、人ともきちんとつき合えるようになっていく。

ところが、家庭で母親にあまりにも過保護にされ、友人ともつき合わず、しかも学校などでも挫折せずにそのまま社会に出てしまうような、いわゆるお勉強のできる「いい子」の中には、自分だけが特別だという自尊心を修正されずに、それがそのまま社会に出ても通用するかのように思いこんでしまう人たちがいる。

社会に出れば、当然、そんな思いこみが通用するわけはない。それは遅かれ早かれ、どこかで痛い目にあうことになる。

問題は、そのときである。痛い目にあったときに、そこで、自尊心の持ち方を変えることができるか、人に対する態度を変えられるかどうかで、その人の人間関係が大きく変わる。そこで自分を守ろうとするあまり、頑固に「自分は特別なのだ」と思いこもうとすると、さらに特別扱いを求めるようになり、結局、その人から人は離れていくことになろう。

相手は変えられない、ならばどうするか

イヤな人、自分と合わない人とつき合わなければならないことは、いくらでもあろう。そういう人が一夜にして、いい人になったり、自分と相性のいい人になるということはない。

たしかに、人間は変わるものだ。それは、その人が何らかのことで壁にぶつかって悩んだり、挫折したりしたときである。自分でうまくいっていると思っている人は、絶対に変わることなどないだろう。

だからこそ、悩んだり挫折したり、心の病気になったりしたときは、逆にいえばその人にとって大きな転機になりうるのだ。

そこで、人間としての幅を広げ、器量が大きくなるともいえる。悩みのない人などこの世の中に存在しないと思うが、その悩みをどう受け止めるかによって、その人の人生は大きく変わっていく。

しかし、そうした変化をほかの人に期待してはいけない。

Mさんは、昔ちょっとしたことで疎遠になってしまったNさんと、数年ぶりに偶然に会った。なんとなくわだかまりはあったものの、ちょうどいい機会だからと、いっぱい飲みに誘った。昔のことを水に流せればと思ったのだ。ところが、飲んでいるうちに、相手が昔のトラブルのことを話しはじめ、Mさんを非難しはじめた。

Mさん、Nさん、どちらが悪いということではない。ある共通の知人に、両者が好意でそれぞれやったことが、その人のためにならずに、いい結果をもたらさなかった。本来、どちらにも責任などなく、援助を求めた人が自ら招いたことだったといえよう。しかしそのために、周囲の人たちに、二人とも非難されることになった。

そのときは、お互いに相手のほうが結局無責任だったのではないかと考えた。そして、それをきっかけに疎遠になったのだった。

しかし、Mさんはその後、結局はどちらが悪いわけでもなく、それぞれがそれぞれの立場でできることはしたと思えるようになった。だから、偶然再会したN

さんと久しぶりに話をして、昔のわだかまりが解消できないだろうかと思ったのだ。しかし、Nさんの考え方は変わってはいなかった。

久しぶりの邂逅《かいこう》だったのだが、結局、気まずいかたちで別れた。

年月がたち、自分の考え方、とらえ方が変わったからといって、相手の考え方も変わっただろうと期待することもあるかもしれない。だが、かえって、自分の考えに固執して、相手のほうが絶対に間違っていた、相手が悪いと、凝り固まることもあろう。いや、世の中には、いったん思いこんだら、その自分の考え方に固執してしまう人のほうが多いのではなかろうか。

そこがむずかしいところだ。ほかの人に、その考え方が変わったのではないか、あるいは、人間がいいほうに変わったなどと期待しても、まずその期待は裏切られることが多い。

本来、人間は年齢とともに精神的に成長し成熟していくはずであろう。また、そうであってほしいと思う。しかし、残念ながら、世間の中でさまざまな苦労をするうちに、世間の垢に染まり、少年時代に抱いていた純粋な心を失っていくことも多かろう。世間知を身につけることは、そういう一面も確かにある。

だが、年齢を重ね、成熟することで、人格的にもすばらしい人間になる人もいる。どんなに苦労しても、そんな苦労の影など見せずに、つねに前向きで明るく生きている人もいれば、ちょっとした苦労であっても、不平不満ばかりいう人もいる。

まさに、どのような経験をしても、それをプラスにしていけるのか、マイナスにしてしまうのかは、人それぞれである。できることなら、イヤなこと、悩み、苦労を前向きに受け止めて、自分を大きくする糧にしようではないか。そのためには、まず、自分のとらえ方を変えること、考え方を変えることである。

イヤなことがあったとしても、それをひきずらないこと。そして、その体験を、なぜ、そうなってしまったのかと考え、自分にも何らかの非があったと思えるのならば、それを素直に認めることが必要だ。

イヤだからもう忘れようではなく、イヤなことをいったん直視して、自分の成長の糧にすることだ。そんなふうに日々を生活していくことができれば、何ごとも前向きにとらえることができるようになるはずだ。

あの人にはこんな欠点があるのだから、それをなんとか変えてあげようなどと、お節介をし、いろいろと忠告する人がいる。たしかにそれは、相手を思うからだということもあるかもしれない。

だが、人からどういわれても、人間は自分で気がつかないと変わらないものだ。自分を変えようともせずに、人に変わることを求めているだけでは、決して心の成熟など考えられない。

まず、自分が変わる。自分が変わっていくことで、周囲の人たちとの関係も自然に変わっていくはずである。自分の気持ちの持ち方を、今日からでも変えようとしてみたらどうだろうか。そうすれば、おのずと人間関係が楽しいものになるのではないか。

〈この作品は二〇〇一年に小社より刊行された『なぜか人間関係がうまくいく人の考え方、生き方』を改題のうえ文庫化したものです〉

39225

斎藤《さいとう》茂《しげ》太《た》

心がかるくなる生きかた

二〇〇六年二月五日　初版発行

発行者――栗原幹夫

発行所――KKベストセラーズ

〒170-8457 東京都豊島区南大塚二-二九-七

電話〇三-五九七六-九一二一（代表）

振替〇〇一八〇-六-一〇三〇八三

http://www.kk-bestsellers.com/

印刷所――凸版印刷　製本所――ナショナル製本

落丁・乱丁本はお取替えいたします。

定価はカバーに明記してあります。

Printed in Japan ISBN4-584-39225-0